Gerd Wolfgang Sievers

Apfel-Land-Kochbuch

Leopold Stocker Verlag
Graz – Stuttgart

Inhalt

© Herbert Lehmann

Die Region Apfelland Stubenbergsee

Das oststeirische Apfelland liegt nordöstlich von Graz und grenzt im Osten an das Burgenland. Das Zentrum des Apfellandes bilden der Kulm und der Stubenbergsee. Die Feistritz, ein 115 Kilometer langer Fluss, durchfließt das Joglland – wie diese Region auch genannt wird – in Richtung Süden. Sie speist auf ihrem Lauf bei Stubenberg/See den künstlich angelegten Badesee „Stubenbergsee" und mündet dann in die Lafnitz. Der Stubenbergsee liegt unterhalb des Kulm und ist mit 40 ha der größte Badesee des Landes. Der Kulm wiederum ist mit 975 Metern Seehöhe der markanteste Berg der Oststeiermark und von zahlreichen Mythen und Sagen umwoben.

Die Region ist seit hunderten von Jahren durch den Obstbau geprägt und bis heute Österreichs größtes Obstbaugebiet. Zentrale Frucht ist der Apfel, der in vielen unterschiedlichen Sorten angebaut wird. Die Apfelstraße verbindet die wichtigsten Obstbaubetriebe mit den Apfel-Genuss-Wirten und dem so genannten Haus des Apfels, in dem ein regionales Bauernmuseum untergebracht ist. Das Zentrum für den Obstbau der Oststeiermark ist das pittoreske Apfeldorf Puch, doch sind die Ortschaften im Apfelland allesamt Dörfer mit Charakter und Charme: Stubenberg am See, Kulm bei Weiz, Anger, St. Johann bei Herberstein (mit dem berühmten Schloss und Tierpark), Floing und Maria Fieberbründl (mit der Wallfahrtskirche) sind wohl die bekanntesten Ortschaften. Die weiteren heißen Hofkirchen, Kaibing, Siegersdorf, Tiefenbach, Baierdorf und Feistritz.

Apfel Land STUBENBERGSEE

Im oststeirischen Apfelland, der ehemaligen Heimat von Kelten und Römern, von Rittern und Grafen finden sich naturgemäß auch zahlreiche kulturelle Juwele: vom Heiligengrab in Siegersdorf bis hin zu den prachtvollen Schlössern Herberstein, Schielleiten, Stubenberg, Külml und Burg Neuhaus. Weithin bekannt sind auch das Keltendorf am Kulm, das römische Hügelgrab in Stubenberg, die „Frauenhöhle" in Hofkirchen, das Rauchstubenhaus oder das Gironcoli-Museum – um nur einige Beispiele zu nennen.

Die Menschen im Apfelland verstehen seit eh und je, mit der Natur umzugehen. Fruchtbare Böden, mildes Klima und viel Sonnenschein lassen den Apfel hier gedeihen. Einheimische leben althergebrachtes Brauchtum in seiner bunten Vielfalt. Der Stubenbergsee ist eine idyllische Erholungsoase, während zahlreiche Feste – wie das alljährlich in Puch stattfindende Apfelblütenfest – für Stimmung in uriger Umgebung sorgen. Die zahlreichen Gasthöfe, Lokale und Restaurants bieten eine einzigartige kulinarische Vielfalt rund um den Apfel und all die anderen regionalen Köstlichkeiten an, wie z. B. den allseits beliebten Apfelschnaps: Hier im Apfelland wird mit dem so genannten Abakus einer der besten Apfelschnäpse der Welt gebrannt – doch das Brennen des Apfels ist geheimer als geheim, wie die 7. Regel der 23 Apfelmänner, die den Abakus brennen, vorschreibt.

Weniger geheim ist die Geschichte des Weins und des Weinanbaus, der hier in der Region seit der Römerzeit betrieben wird. „Ausg'steckt is'!" – in den zahlreichen Buschenschänken des Apfellandes werden Wein, Apfel und G'selchtes zum Genuss. Und was gibt es Schöneres, als in geselliger Runde die kulinarischen Delikatessen und die regionalen Spezialitäten einer Region zu genießen?

Der Duft und die weiß-rote Färbung von Milliarden Apfelblüten lassen das Herz im Frühling höher schlagen und die Seele baumeln. Im Sommer gleicht die Region dann einem immergrünen Apfelwald, bevor dann im Herbst die Bäume rot, grün und gelb leuchten, erdschwer unter der Fruchtlast. Tatsächlich gibt es nur wenige über Jahrhunderte gewachsene Apfelregionen auf dieser Welt, wo die innere und äußere Qualität in höchster Harmonie vereint sind. Das oststeirische Apfelland gehört zweifelsohne zu diesen. Kein Wunder, wird hier doch schon jahrtausendelang Apfelbau betrieben, wie der so genannte Römerstein an der Pucher Kirchhofmauer belegt – er zeigt eine Keltin mit einem Apfel in der Hand.

Ja, diese paradiesische Region ist wahrlich etwas Besonderes und sollte daher genussvoll und vor allem in Ruhe – ganz ohne Hektik – erkundet werden. Wer weiß, vielleicht schwebt man dann irgendwann tatsächlich auf der sagenumwobenen Wolke 7. Und wenn nicht auf der, dann möglicherweise doch in einem Heißluftballon, denn auch das Ballonfahren hat hier – wie so vieles – eine lange Tradition. Wohl nicht umsonst betitelte Peter Rosegger eine seiner berühmtesten Erzählungen mit: „Als ich ins Paradies ging." Schön, dass es tatsächlich existiert, das Paradies.

Der oststeirische Apfel

Im oststeirischen Hügelland im Bezirk Weiz werden von alters her Äpfel angebaut. Daher wird diese Region häufig als „Apfelland“ bezeichnet. Das oststeirische Anbaugebiet liegt auf rund 450 Metern Seehöhe und gilt als das Zentrum der österreichischen Apfelproduktion, denn hier werden rund 80 % aller österreichischen Äpfel produziert. Puch ist die Gemeinde mit der größten Apfelproduktionsmenge in Österreich. Äpfel kann man im Apfelland natürlich das ganze Jahr über genießen. Viele Obstbauern lagern die Äpfel selbst und bieten stets frische Qualität an. Der Apfel wird aber auch zu unterschiedlichsten Produkten verarbeitet.

Man vermutet, dass die Geschichte des Apfelanbaus in der Region bis auf die Kelten zurückgeht, die sich in der vorchristlichen Zeit um den Kulm herum ansiedelten und wahrscheinlich schon im 3. Jahrhundert v. Chr. Obst anbauten. Weiters wird angenommen, dass die Kelten in der Region bereits Apfelmost produziert und getrunken haben. Es gilt aber als sicher, dass in der Region die Äpfel seit römischer Zeit angebaut werden. Ein kelto-romanischer Grabstein (2. Jahrhundert nach Christus), welcher sich noch heute am oberen Eingang der Pucher Kirchhofmauer findet, zeigt eine Gestalt, die vermutlich einen Apfel in ihrer Hand umklammert hält.

Die erste urkundliche Nachricht über den Obstbau in der Steiermark stammt aus dem Jahre 1074. Ein Dokument aus dem Benedik-

tinerkloster Admont (Obersteiermark) belegt die Existenz eines großen Obstgartens in dessen Meierhof. Daher kann angenommen werden, dass Obstgärten auch in den übrigen steirischen Klöstern vorhanden waren.

In der zweiten Hälfte des 19. Jahrhunderts erlangte der Obstbau in der Oststeiermark wirtschaftliche Bedeutung und spielte als zusätzliches Einkommen für Landwirte eine wichtige Rolle. Zu dieser Zeit war das Raabtal aufgrund der Bemühungen des Pomologen Coloman Größbauer (1863–1927) die wichtigste Obstbauregion. In der Gemeinde Gleisdorf wurde eine große Verladestation für den Transport von Äpfeln als Frischware nach Ungarn und Wien errichtet. Die Ausschussware wurde von lokalen Bauern zu Most verarbeitet oder zu Spirituosen gebrannt.

In der Zeit der k.u.k. Monarchie (1867–1918) hatten die qualitativ hochwertigen Äpfel aus der Steiermark einen guten Ruf und wurden in viele Kronländer der Monarchie verkauft. 1979 bekam das Apfeldorf Puch sein eigenes Gemeindewappen verliehen, welches den Berg Kulm und sechs goldene Äpfel darstellt. 1986 gründeten rund 40 Obstbauern und Gastronomen den Verein „Steirische Apfelstraße“. Schließlich wurde 1995 die Erzeugerorganisation „Obst Partner Steiermark GmbH“ (OPST) gegründet und 2004 die Bezeichnung „frisch-saftig-steirisch“ als Wortbildmarke registriert.

Oststeirische Äpfel werden unter Vorgaben der Integrierten Produktion (IP) unter Berücksichtigung des schonendes Umgangs mit dem Boden und eines minimierten Einsatzes umweltverträglicher Pflanzenschutzmittel erzeugt. Doch für die besonders gute Qualität ist das Zusammenspiel von Terroir (besonders fruchtbare Böden und das illyrische Klima) und traditionellem Wissen (Anpassung der Erziehungsform an die Gegebenheiten der Umwelt, Auswahl von Lokalsorten, Vermehrung durch Samen und Wurzelschösslinge, Verbesserung des Erbguts, Know-how bezüglich des Ernteverfahrens, Lagerung u. v. m.) verantwortlich. Das erst macht den oststeirischen Apfel zu einem besonderen Genuss (die beliebtesten Sorten werden auf der nächsten Doppelseite vorgestellt).

Die beliebtesten Apfelsorten Österreichs

Kronprinz Rudolf

Um 1873 aus einem Zufallssämling in der Steiermark entstanden und wohl der Apfel Österreichs schlechthin. Sortentypisches, weiß-gelbliches Fruchtfleisch, sehr facettenreich, saftig-geschmeidiges Aromaspiel, würzig untermalt mit attraktiver Fruchtsüße und milder Säure. Ein Klassiker, insbesondere für Apfelstrudel ideal.

Arlet

Golden Delicious x Idared, 1958, Schweiz. Ein wahrer Allrounder mit glatter, kompakter Schale und knackig-festem Fruchtfleisch, Duft und Aroma voll und animierend, schön strukturierte und überaus substanzreich bei angenehmer, ausgewogener Säure. Harmoniert mit würzigen (auch kräftigen und gut gereiften) Schnittkäsen, ideal für Kompott, Gelees und Desserts.

Braeburn

Vermutlich aus der Sorte Lady Hamilton entstanden, 1952, Neuseeland. Feste, kompakte und dennoch dünne Schale, startet mit animierend süßen, zart-säuerlichen Aromen. Angenehmes, mittelfestes Fruchtfleisch, trotz leichter Säure erfrischend kühle, pikante Note. Passt zur deftigen Brettljause und für fruchtige Obstsalate.

Elstar

Golden Delicious x Ingrid Marie, 1955, Holland. Tiefe, reife Frucht, druckvoll, saftig, kompakt mit betörendem Duftspiel und überaus kräftigem Aroma, enorme Geschmacksfülle, konzentriert, pikant, würzig und süß, durch seine brillante, fein geschliffene Säure herzhaft frisch und mundfüllend. Ideal für Apfelkren, herzhafte Obstsalate oder zu cremigem Weinkäse.

Gala

Kidds Orange x Golden Delicious, 1934, Neuseeland. Fruchtfleisch mit gelben Reflexen, am Gaumen prachtvoller Einstieg mit reifer, süßer Frucht, fülligen Aromen und niedrigem Säuregehalt. Hervorragend als kinderfreundlicher Vitaminspender, für glacierte Äpfel, Bratäpfel und zum Backen.

Idared

Jonathan x Wagenerapfel, um 1935, USA. Dünne, sehr feste Schale, erzeugt viel Druck, cremig-weißes, mittelfestes Fruchtfleisch, einladende, gebündelte, saftige Ader, dennoch sehr mild wirkend, wird von der brillanten, überaus fülligen Extrasüße in Balance gehalten. Einladend leichte Säure. Eignet sich für Apfelmus und Kompotte.

Jonagold

Golden Delicious x Jonathan, 1934, USA. Elegantes, cremefarbiges und süßes Fruchtfleisch, herrlich vielschichtige Aromatik, am Gaumen fleischig-grobzellig mit markant feinsäuerlichem Geschmack. Gibt Schicht um Schicht frei, klar und direkt, kompakt und animierend. Ideal für Obstsalate, frische Säfte, Chutneys und zum Backen.

Golden Delicious

Als Zufallssämling entdeckt, um 1890, West Virginia (USA). Grandiose, extrasüße Fruchtfülle mit lebhaftem Charme, im Hintergrund mitunter ein Touch von feinen Säurenoten, fülliger, saftig-knackiger Biss mit zartwürzigem Geschmack. Harmoniert hervorragend mit Edelschimmelkäsen, ideal für Desserts und zum Backen.

Apfelblütenfest in Puch bei Weiz

Jedes Jahr feiert man im Apfelland am letzten Aprilwochenende das Apfelblütenfest, bei dem die Apfelbauern der Region ihre hausgemachten Schmankerln anbieten. Unter blühenden Apfelbäumen fühlt man sich wie im Märchenland und kann die vielen verschiedenen Apfel-Köstlichkeiten genießen.
Vor dem eigentlichen Fest findet die so genannte Apfelblütenwanderung statt, ein 7 Kilometer langer Fußmarsch rund um das Apfeldorf Puch.

Neben zahlreichen Veranstaltungspunkten, untermalt von vielen Musikkapellen, steht natürlich das leibliche Wohl der Gäste an erster Stelle, und so kann man sich hier durch die kulinarische Vielfalt des Apfellandes „durchschlemmen". Egal ob frisch gebackene Apfelkrapfen, Apfelstrudel, Apfelsekt, Most, Fruchtsäfte oder herzhafte Brote – fast alles dreht sich um den Apfel. Natürlich darf dabei die aktuelle Apfelkönigin nicht fehlen.

Informationen:
www.apfelland.info

Die Foto-Impressionen auf dieser Seite vermögen nur einen kleinen Einblick in dieses volkstümliche Fest vermitteln, denn die mehr als 250.000 blühenden Obstbäume hüllen die Landschaft rund um den Ort Puch in eine weiß-rosa Wolke ein und vermitteln ihr den unbeschreiblichen Zauber eines echten Märchenlandes.

Traditionelle und moderne Apfelland-Rezepte

Schweinsbraten mit
Erdäpfelwurst (Rezept s. S. 23)

Oststeirischer Salat

Zutaten für 6 Portionen
- **400 g Käferbohnen**
- **einige Thymianzweige**
- **1 Lorbeerblatt**
- **120 g Zwiebeln**
- **1 grüne Paprikaschote**
- **2 größere Erdäpfel, gekocht**
- **150 g Pökelzunge**
- **200 g Geselchtes**
- **125 g Senfgurken**
- **75 g Champignons**

Marinade
- **2 Knoblauchzehen**
- **1/2 Bund Petersilie**
- **1 TL Kapern**
- **5–6 EL Öl (eventuell Kürbiskernöl)**
- **3–4 EL Apfelmostessig**
- **Salz und Pfeffer aus der Mühle**

- **Salatblätter für die Garnitur**
- **1 Ei, hart gekocht**

Die Käferbohnen über Nacht einweichen und am nächsten Tag mit Thymian und Lorbeerblatt kochen, anschließend die Bohnen kalt stellen.

Zwiebeln schälen, Paprikaschote von weißen Adern und Kernen befreien, beides in Würfel schneiden und in kochendem Salzwasser 20 Sekunden blanchieren, anschließend auf einem Tuch trocknen.

Die übrigen Zutaten ebenfalls in grobe Würfel schneiden (die Bohnen bleiben natürlich ganz).

Knoblauch, Petersilie und Kapern hacken und mit den restlichen Zutaten der Marinade vermengen. Alles in einer Schüssel gut vermengen und zugedeckt eine Stunde kalt stellen, vor dem Anrichten nochmals abschmecken.

Teller mit Salatblättern auslegen und den Salat portionsweise darauf anrichten, mit dem in Scheiben geschnittenen Ei dekorieren und eventuell mit Schnittlauchröllchen bestreuen.

Äpfel mit Rohnen

- **400 g Jonathan**
- **600 g Rote Rüben, gekocht und geschält**
- **etwas Butter**
- **15–20 g Zucker**
- **Salz und Pfeffer aus der Mühle**
- **Ingwer**
- **Steirischer Kren**

Äpfel in dünne Spalten schneiden und Kerngehäuse entfernen, Rote Rüben in feine Scheiben schneiden.
Etwas Butter in einer Pfanne erhitzen, Zucker dazugeben, diesen goldgelb werden lassen und die Apfelspalten bei milder Hitze beidseitig 3 Minuten glasieren.
In einer zweiten Pfanne ebenfalls etwas Butter erhitzen, Rote Rüben hineingeben, erwärmen, salzen und pfeffern.
Rote Rüben in einer Schüssel oder auf Tellern anrichten und mit den glasierten Apfelspalten belegen. Mit fein gehacktem Ingwer und frisch gerissenem Steirischem Kren bestreuen.
Als Vorspeise servieren oder als Beilage zu gekochtem Rindfleisch auftischen.

Tipp: Steirische Äpfel verwenden!

Hausmacher-Apfelleberwurst

Zutaten für 6–8 Leberwürste
- **500 g fettes Schweinsbrüstl**
- **500 g mageres Schweinsbrüstl**
- **1 Lorbeerblatt**
- **1 Prise Kümmel**
- **Majoran**
- **Oregano**
- **Thymian**
- **Salz und Pfeffer aus der Mühle**
- **2–3 kleinere Äpfel**
- **3–4 Schalotten**
- **4–6 Knoblauchzehen**
- **1 EL Petersilie, gehackt**
- **1 EL Butter**
- **100 ml Apfelmost**
- **100 g Weißbrot**
- **500 g Schweinsleber**
- **6 EL Obers**
- **2–3 Eidotter**
- **6–8 Leberwursthüllen aus Plastik oder Rexgläser**

Fettes und mageres Schweinsbrüstl in wenig heißes Wasser legen, würzen und 15 Minuten zugedeckt kochen lassen; dann aus dem Sud nehmen und kalt stellen.

Die geschälten und in Stücke geschnittenen Äpfel zusammen mit den gehackten Schalotten und Knoblauchzehen sowie mit der Petersilie in Butter leicht andünsten, mit Most löschen, einkochen lassen und ebenfalls kalt stellen.

Das Weißbrot in kaltes Wasser tauchen und ausdrücken. Wenn alle Zutaten gut gekühlt sind, alles fein faschieren (Leber roh faschieren) und nach Geschmack würzen.

Etwa 1/4 der Masse in einer Küchenmaschine fein cuttern und dabei Obers und Eidotter einarbeiten. Mit der restlichen Masse gut vermengen, in Leberwursthüllen oder in sterilisierte Rexgläser füllen und im Wasserbad bei 80 °C 60 Minuten ziehen lassen, dann abkühlen lassen und in den Kühlschrank geben (gut gekühlt ca. 7–14 Tage haltbar).

Apfel-Sauerkraut

- **1 kg Sauerkraut**
- **1 mittlere Zwiebel, grob gehackt**
- **2–3 EL Schmalz**
- **1–2 EL Zucker**
- **250 ml Apfelmost**
- **250 ml Suppe**
- **2 Lorbeerblätter**
- **6 Wacholderbeeren**
- **1–2 Knoblauchzehen**
- **3–4 große, säuerliche Äpfel**
- **Salz**
- **2 EL Kren, frisch gerissen**

Sauerkraut in einem Sieb kalt abspülen, gut abtropfen lassen. Fein geschnittene Zwiebel im heißen Schmalz hellgelb rösten, Zucker dazugeben und leicht karamellisieren lassen.
Sauerkraut hinzufügen, kurz rösten, dann mit Apfelmost und Suppe aufgießen, Lorbeerblätter und Wacholderbeeren hinzufügen und zugedeckt 1 Stunde dünsten lassen, ab und zu umrühren.
Gepressten Knoblauch und geschälte, entkernte und in dünne Spalten geschnittene Äpfel dazugeben und weitere 10–15 Minuten dünsten. Mit Salz und frisch gerissenem Kren abschmecken.

Rotkrautsalat mit Äpfeln

- **1 kg Rotkraut**
- **1 EL Zucker**
- **Saft von 1 Zitrone**
- **ca. 1 TL Kümmel**
- **Salz**
- **2–3 EL Rotwein**
- **1–2 säuerliche Äpfel**
- **Apfelessig**
- **Sonnenblumenöl**

Das Rotkraut putzen, den Strunk und die dicken Blattstiele entfernen und danach das Kraut sehr fein schneiden oder hobeln.
Anschließend mit Zucker, Zitronensaft, Kümmel, Salz und Rotwein vermengen und fest durchkneten, zwei Stunden kalt stellen.
Die Äpfel schälen, in dünne Spalten schneiden, Kerngehäuse entfernen. Die Apfelspalten, Apfelessig und etwas Öl zum Rotkraut geben, gut vermischen und servieren.

Risotto mit Apfel und Kren

- 1–2 EL Öl
- 1 weiße Zwiebel
- 100–150 g Ochsenmark (oder Butter)
- 400 g Risotto-Reis
- 4–6 cl Apfelbrand oder Grappa (fassgelagert)
- 1–1,5 l Hühner- oder Gemüsesuppe
- 1–2 Äpfel (vorzugsweise Reinette)
- 75–100 g Kren
- 2 Eidotter
- Salz und weißer Pfeffer aus der Mühle

Das Öl in einer Kasserolle erhitzen und die fein gehackte Zwiebel darin anschwitzen. Das ausgelöste (und in kaltem Wasser gewässerte) Ochsenmark würfelig schneiden und zusammen mit dem Reis dazugeben, einige Minuten unter ständigem Rühren andünsten, dann mit dem Schnaps ablöschen.
Nach und nach die heiße Suppe zugießen, bei mittlerer Hitze köcheln lassen und ab und zu umrühren.
In einer Schüssel die geriebenen Äpfel mit frisch gerissenem Kren und Eidottern vermischen, diese Masse nach etwa 15–20 Minuten zum Risotto geben, noch weitere 5 Minuten kochen lassen, dann vom Herd nehmen und mit Salz und Pfeffer abschmecken. Kurz rasten lassen, dann heiß servieren.

Schweinsbraten

- **1,5–2 kg Schweinsschopfbraten**
- **20–25 Knoblauchzehen**
- **Salz und Pfeffer aus der Mühle**
- **Öl zum Anbraten**
- **etwas Most- oder Apfelessig**
- **125–200 ml Apfelmost**
- **Kümmel**

Den Schweinsschopf rundherum mit einem Spickmesser einstechen und mit geschälten halbierten (oder geviertelten) Knoblauchzehen spicken, danach das Fleisch rundherum kräftig mit Salz und Pfeffer würzen.

Den Schweinsbraten rundum in einer Bratenform mit Öl anbraten, dann mit Essig und Most ablöschen, Deckel auflegen und den Braten unter häufigem Begießen im Ofen bei maximal 160 °C fertig braten. Nach etwa 2 Stunden (kurz vor dem Fertigwerden) mit reichlich Kümmel bestreuen.

Schweinsbraten in 2 cm dicke Scheiben schneiden und auf vorgewärmten Tellern anrichten, mit dem Eigensaft nappieren.

Tipp: Das Apfel-Sauerkraut (Rezept s. S. 21) und die Erdäpfelwurst (Rezept rechts) passen als Beilagen hervorragend dazu!

Erdäpfelwurst

- **12 große Erdäpfel**
- **3–4 EL Grammeln**
- **1–2 große Zwiebeln**
- **2–4 EL Schweineschmalz**
- **3–6 Knoblauchzehen**
- **Majoran**
- **Salz und Pfeffer aus der Mühle**
- **einige gut gereinigte Därme (beim Fleischhauer erhältlich)**

Die Erdäpfel schälen, roh reiben und sogleich in kaltes Wasser geben, damit sie nicht braun werden. Wasser ein- bis zweimal wechseln, dann die Erdäpfel in einem Küchentuch ausdrücken.

Grammeln und fein gehackte Zwiebeln im heißen Schmalz anrösten, Erdäpfel mit Grammeln, Zwiebeln, gepresstem Knoblauch, Majoran, Salz und Pfeffer vermengen und würzig abschmecken.

Die Masse locker in die Därme füllen und zu Würsten abdrehen.

Die Erdäpfelwurst entweder im heißen Backofen bei 160–180 °C etwa 45 Minuten braten oder langsam in einer Pfanne mit Schmalz braten. (Foto s. S. 16/17)

Tipp: Man kann die Erdäpfelwurst als Imbiss mit Salat essen oder als Beilage zu Schweinsbraten reichen.

Speck-Pilz-Schmarren

- **4–6 Eier**
- **250–300 g Mehl**
- **330 ml Milch**
- **Salz**
- **2–3 Hand voll gemischte Waldpilze**
- **100–125 g geselchter Bauchspeck**
- **1–2 EL Butterschmalz**
- **1–2 Knoblauchzehen, gepresst**
- **2 EL Petersilie, gehackt**
- **1 EL Schnittlauchröllchen**
- **Salz und Pfeffer aus der Mühle**
- **etwas Butter**

Die Eier trennen, Eidotter mit Mehl, Milch und einer Prise Salz zu einem glatten Teig verrühren, diesen ca. 45 Minuten rasten lassen (besser noch etwas länger). Die geputzten Pilze würfelig, den Bauchspeck kleinwürfelig schneiden. Butterschmalz erhitzen, Speck darin auslassen, bis er glasig ist. Pilze und Knoblauch hinzugeben und dünsten, bis die Masse nahezu trocken ist, dann die Kräuter hinzufügen und nach Wunsch etwas pfeffern.

Eiklar steif schlagen und vorsichtig unter den Teig heben, diesen in die ofenfeste Pfanne mit dem Speck und den Pilzen gießen und alles gut vermengen. Pfanne in den Ofen geben und den Schmarren bei 160–180 °C etwa 20 Minuten backen lassen (nach ca. 15 Minuten, wenden).

Pfanne wieder auf den Herd stellen und den Schmarren mit zwei Gabeln in Stücke zerreißen, etwas Butter hinzugeben, alles gut vermischen, nachsalzen und mit gehackten Kräutern bestreut auftischen.

Tipp: Mit Salat eignet sich dieser Schmarren als Hauptspeise, man kann ihn aber auch als Beilage genießen.

Hausgemachter Apfel-Leberkäse

- **400 g sehnenfreies Rindfleisch**
- **200 g magere Schweinsschulter**
- **15 g Salz**
- **2,5 g Rötungsmittel (z. B. Pökelsalz)**
- **Majoran**
- **Pfeffer aus der Mühle**
- **1 kleine Zwiebel**
- **etwas Butter**
- **100 g Schweinsleber**
- **200 g frischer Speck**
- **200 g Eiswürfel**
- **2 Eier**
- **40–50 g Stärke**
- **100 ml Obers**
- **1–2 Äpfel**

Das Rindfleisch und die Schweinsschulter in größere Würfel schneiden, mit Salz, Rötungsmittel, Majoran und Pfeffer gut vermengen. Alles in ein Glasgefäß geben und zugedeckt kühl stellen.

Die geschälte und gehackte Zwiebel in Butter kurz anrösten und kalt stellen. Das gewürzte, kalt gestellte Fleisch, Leber, Speck und Zwiebeln fein faschieren, anschließend in einer Küchenmaschine zu einer sämigen Konsistenz cuttern – dabei nach und nach die Eiswürfel (damit die Masse nicht zu warm wird), die Eier und das Obers dazugeben. Die Masse muss so lange gecuttert werden, bis sie einen seidigen Glanz bekommt – dabei die Stärke einarbeiten.

Anschließend die Masse in eine kalte Schüssel füllen, mit den geschälten und klein gewürfelten Äpfeln (sie sollen eiskalt sein!) vermengen.

Alles in eine gut gebutterte Wannenform füllen und bei 220 °C im vorgeheizten Ofen 30 Minuten vorbacken, bis der Leberkäse eine schöne Kruste hat, dann weitere 40 Minuten bei 120 °C fertig garen. Zum warmen Leberkäse isst man Salat und Erdäpfelpüree mit Röstzwiebeln, zum kalten Leberkäse Schwarzbrot, frisch gerissenen Kren und Senf.

Gebratene Apfelland-Ente

- 2 junge Enten (jeweils knapp 2 kg)
- Salz und Pfeffer aus der Mühle
- einige Majoranzweige
- 4 kleinere Äpfel
- 2 Entenlebern
- 1 TL Zucker
- 250 ml Rotwein
- 500 ml brauner Entenfond (ersatzweise brauner Geflügel- oder Kalbsfond)

Die Enten innen und außen waschen und abtrocknen, dann mit Salz und Pfeffer würzen und mit frischen Majoranzweigen, von Kerngehäusen befreiten Äpfeln und jeweils einer Leber füllen. Dann die Enten eventuell dressieren (zusammenbinden).

250 ml heißes Wasser in eine Bratenform geben und die Enten mit der Brust nach oben hineingeben. Im vorgeheizten Backofen bei 250 °C 60–75 Minuten braten, während des Bratens immer wieder mit eigenem Saft übergießen. Nach der halben Bratzeit das überschüssige Fett abschöpfen.

Den Saft aus dem Inneren der Enten in die Bratenform fließen lassen. Dann die Enten mit einem Gemisch aus 3 EL Wasser, Zucker und einer Prise Salz bestreichen (so wird die Haut besonders knusprig) und weiter im Backofen braten.

Die fertig gegarten Enten aus dem Ofen nehmen und warm halten. Das überschüssige Fett aus der Bratform abgießen und den Bratensatz mit Rotwein ablöschen, loskochen und einreduzieren lassen, mit einem Teil des braunen Fonds aufgießen und erneut einkochen lassen – den Vorgang mehrmals wiederholen.

Zum Schluss die Sauce durch ein Etamintuch sieben und anschließend nochmals kräftig aufkochen.

Die Enten nochmals kurz in den sehr heißen Backofen geben, dann portionieren und zusammen mit den Apfelspalten und den Lebern auf einer Platte anrichten.

Die Sauce extra dazu reichen. Als Beilagen passen Rotkraut, Rotkrautsalat und Semmelknödel.

Gedünstete Schweinskoteletts mit Apfelmost

- 4 Schweinskoteletts (à ca. 180 g)
- 3–4 Knoblauchzehen
- Kümmel (geschrotet)
- Salz und Pfeffer aus der Mühle
- 1–2 EL Mehl
- Schmalz
- 250 ml junger Apfelmost
- 250 ml Rindsuppe

Die Koteletts klopfen und mit dem dünnblättrig geschnittenen Knoblauch, Kümmel, Salz und Pfeffer würzen.
Anschließend die Koteletts mit Mehl bestauben und im heißen Schmalz auf beiden Seiten knusprig anbraten.
Mit dem Most und der Rindsuppe aufgießen und ca. 30 Minuten zugedeckt bei kleiner Hitze dünsten.

Tipp: Mit einer beliebigen Erdäpfel-Beilage auftischen.

Apfelland-Schnitzel

- **8 Schweinsschnitzel (je ca. 100)**
- **Salz und Pfeffer aus der Mühle**
- **1–2 mittlere Zwiebeln**
- **125 g Bauchspeck**
- **4 Äpfel**
- **Zitronensaft**
- **Butterschmalz zum Braten**
- **100 g Bergkäse**
- **4 Portionen Buttererdäpfel oder Petersilienerdäpfel**

Die Schnitzel leicht klopfen und würzen. Zwiebeln schälen und ganz fein hacken, Speck in möglichst kleine Würfel schneiden.
Die Äpfel vom Kerngehäuse befreien und je nach Geschmack schälen oder nicht; Äpfel in Scheiben schneiden und mit Zitronensaft beträufeln.

Die Schnitzel portionsweise in heißem Butterschmalz beidseitig scharf anbraten, fertige Schnitzel aus der Pfanne nehmen und warm halten. Wenn alle Schnitzel angebraten sind, etwas frisches Butterschmalz in die Pfanne geben und den Speck darin auslassen, bis er glasig ist, dann die Zwiebeln dazugeben und weich dünsten und zum Schluss die Apfelscheiben kurz darin sautieren.
Je zwei Schnitzel auf hitzebeständigen Tellern anrichten und die Apfel-Speckmischung darauf verteilen, mit geriebenem Bergkäse bestreuen und bei starker Oberhitze in Ofen gratinieren, bis der Käse geschmolzen ist (Käse sollte nicht zu krustig werden).
Das Apfelland-Schnitzel mit Butter- oder Petersilienerdäpfeln auftischen.

Nach einem Rezept von Felix Allmer, bearbeitet von
Gerd Wolfgang Sievers.

Gegrilltes Kalbskotelett mit Apfelsenf

- 4 dickere Kalbskoteletts
- etwas Öl
- Salz und Pfeffer

Apfelsenf

- 1 Apfel (Golden Delicious)
- abgeriebene Schale und Saft von 1/2 Zitrone (unbehandelt)
- 2 EL Dijon-Senf
- Honig nach Geschmack
- 2 Estragonzweiglein

Für den Apfelsenf den Apfel schälen, entkernen und vierteln, dann in kleine Stücke schneiden, diese in einem Topf mit etwas Wasser und Zitronenschale knapp 10 Minuten weich dünsten, dann mit einem Mixstab fein pürieren und mit Zitronensaft abschmecken.
Das Mus erkalten lassen und anschließend mit Senf, Honig, fein gehackten Estragonblättern und etwas Zitronensaft abschmecken, kalt stellen.
Die Kalbskoteletts mit Öl einreiben und in einer sehr heißen Grillpfanne (mit Rillen) bei guter Hitze beidseitig grillen, dann herausnehmen und einige Minuten rasten lassen.
Fleisch mit Salz und Pfeffer würzen, auf Tellern mit dem Apfelsenf anrichten.

Schweinsragout mit grünen Bohnen und Dill

Zutaten für ca. 6–8 Portionen

- **1 kg Schweinsschulter**
- **Salz und Pfeffer aus der Mühle**
- **50 g Schmalz**
- **250 g Zwiebeln**
- **750 ml Rindsuppe**
- **2 Paprikaschoten (rot und gelb)**
- **500 g frische Fisolen**
- **500 g Paradeiser**
- **1/2 Bund Dillkraut**
- **1 EL Mehl**
- **125 ml Obers**

Das Fleisch in mittelgroße Würfel schneiden, mit Salz und Pfeffer würzen und in einer Pfanne im heißen Schmalz scharf anbraten.
Die fein geschnittenen Zwiebeln dazugeben und zusammen mit dem Fleisch goldgelb anbraten, dann alles mit Rindsuppe aufgießen und 30 Minuten dünsten.
Danach die in Würfel geschnittenen Paprikaschoten sowie die in 3 cm lange Stücke geschnittenen Fisolen hinzufügen und das Ragout weitere 20 Minuten dünsten.
Anschließend die geschälten und entkernten Paradeiser in Spalten schneiden, mit dem grob zerzupften Dillkraut zum Fleisch geben und alles noch 5 Minuten weitergaren.
Zum Schluss Mehl, Obers und 2–3 EL kaltes Wasser ganz glatt rühren und vorsichtig unter ständigem Rühren unter das Ragout mischen, um die Sauce zu binden, fünf Minuten leise ziehen lassen, dann das Ragout abschmecken.

Tipp: Dazu reicht man Butter- oder Petersilienerdäpfel.

Gedünstetes Mollbratl

Unter Mollbratel versteht man in der Steiermark einen Braten aus der niederen Beiried.

- **ca. 800 g niedere Beiried**
- **Salz und Pfeffer aus der Mühle**
- **Öl zum Braten**
- **300 g Kalbsschulter**
- **100 g rohes Selchfleisch**
- **1–2 Zwiebeln**
- **250 ml herber Most (oder Weißwein)**
- **3/8 l brauner Kalbsfond**
- **3–4 Basilikumblätter**
- **2 Zweiglein Estragonblätter**
- **1–2 Lorbeerblätter**
- **abgeriebene Schale und Saft von 1/2 Zitrone (unbehandelt)**
- **125 ml Obers**
- **1 EL Mehl**
- **Petersilie, gehackt**

Das Fleischstück in 5–6 Scheiben schneiden (eventuell vom Fleischer vorbereiten lassen), diese leicht klopfen und würzen. Im Öl anbraten und anschließend in eine Kasserolle legen.

Die Kalbsschulter feinblättrig, das Selchfleisch und die Zwiebeln in Streifen schneiden, alles im Bratenrückstand anbraten, mit Most ablöschen und mit Kalbsfond aufgießen, aufkochen lassen und dabei den Bratensatz in der Pfanne loskochen.

Dann alles zu den Fleischscheiben in die Kasserolle geben, die gehackten Kräuter, Lorbeerblätter sowie Zitronenschale beifügen und weich dünsten. Fleisch herausnehmen, Obers mit Mehl glatt rühren und die Sauce damit binden, einige Minuten verkochen lassen, dann die Sauce mit Zitronensaft, Salz und Pfeffer abschmecken.

Das Mollbratl mit der Sauce auf Tellern anrichten, mit gehackter Petersilie garnieren.

Tipp: Dazu passen Stampferdäpfel oder Semmelknödel.

Geschmortes Meisel mit Mostschaum

- 1,25 kg Meisel
- Salz und Pfeffer, 1 EL Senf
- Öl zum Anbraten
- 1 Stück Porree
- 2 Karotten, 1 Zwiebel
- 2–3 Äpfel (vorzugsweise Elstar oder Rubinette)
- 1 l Rindsuppe
- 2–3 Lorbeerblätter
- 2 Gewürznelken
- 2 Macisblüten
- Pfefferkörner
- 125 ml Apfelmost
- 1,5 EL Stärkemehl
- 1 Apfel (Elstar oder Rubinette)
- Zimt und Zucker
- Majoranzweige zum Garnieren

Das Fleisch mit einem Tuch abwischen und mit Salz und Pfeffer würzen, mit Senf einstreichen, dann in einer Kasserolle in etwas Öl rundherum anbraten. Das geputzte und grob gewürfelte Gemüse (Porree, Karotten, Zwiebel) dazugeben und mitrösten, dann auch die geschälten, entkernten und in Stücke geschnittenen Äpfel dazugeben und ebenfalls einige Minuten mitbraten.

Mit Rindsuppe aufgießen (das Fleisch sollte knapp bedeckt sein), Lorbeerblätter, Gewürznelken, Macisblüten und Pfefferkörner in ein Mulltuch binden und zum Fleisch geben, 1–1,5 Stunden zugedeckt schmoren lassen, das Fleisch ab und zu wenden.

Das fertig gegarte Fleisch sowie das Gewürzsäckchen herausnehmen und die Sauce entfetten, Most und Stärkemehl verrühren und mit einem Schneebesen in die Sauce einarbeiten, kurz aufkochen lassen und einen geriebenen Apfel in die Sauce rühren, alles mit dem Pürierstab mixen und mit Zimt, Zucker und 1 Prise Salz abschmecken (eventuell einen Schuss Zitronensaft hinzufügen).

Kurz vor dem Servieren die Sauce mit dem Pürierstab aufschäumen, mit dem in Scheiben geschnittenen Fleisch anrichten und mit Majoranzweigen garniert auftischen.

Tipp: Dazu passen in Butter geschwenkte Schupfnudeln oder ein mit Äpfeln verfeinertes Erdäpfelpüree.

Fasan mit Äpfeln und Apfelschnaps

- 2 küchenfertige Fasane
- 6–8 Äpfel (Reinette)
- 200 g Schafkäse oder Österkron
- Salz
- 1 TL im Mörser zerstoßener Pfeffer
- 150 g Butter
- 100 ml Apfelschnaps (fassgelagert)

Die Fasane mit kaltem Wasser abspülen und trocken tupfen. Äpfel schälen, Kerngehäuse entfernen, vier Äpfel halbieren, die anderen würfeln. Die Apfelwürfel mit dem gewürfelten (oder zerbröselten) Käse vermischen, diese Masse mit Salz und Pfeffer abschmecken. Die Fasane damit füllen und die Öffnungen zunähen.

Fasane außen salzen, in eine Bratenform legen, mit zerlassener Butter übergießen und im auf 200 °C vorgeheizten Backofen braten – aufpassen, dass die Butter nicht verbrennt.

Nach 30 Minuten die halbierten Äpfel dazugeben, alles wieder in den Ofen schieben und 20–30 Minuten fertig braten.

Fasane samt Äpfeln auf einer vorgewärmten Platte mit hohem Rand angerichtet auftischen.

Bei Tisch den in einem Töpfchen angewärmten Apfelschnaps darübergießen und flambieren.

Gefüllte Äpfel

- **6 Äpfel (Golden Delicious)**
- **4 EL Zucker**
- **200 ml trockener Weißwein oder Apfelmost**
- **Saft von 2 Zitronen**
- **250 ml Obers**
- **400 g Preiselbeermarmelade**

Die Äpfel schälen, halbieren, das Kerngehäuse ausstechen und die Äpfel in eine Kasserolle legen.

Mit dem Zucker, dem Weißwein (oder Most) und dem Zitronensaft bei kleiner Hitze 10 Minuten dünsten und anschließend auskühlen lassen.

Das steif geschlagene Obers und die Preiselbeermarmelade vermengen und die Äpfel damit füllen.

Tipp: Schmeckt sensationell als Beilage zu Wildgerichten, gebratenen Gänsen oder Enten.

Äpfel in Rotwein

- **8 kleinere Äpfel**
- **1 Flasche trockener Rotwein (vorzugsweise Zweigelt, Blauburger oder Blaufränkisch)**
- **150–200 g Zucker**
- **3–4 EL Ribiselgelee**
- **2–3 kleine Zimtstangen**
- **3–4 Pimentkörner**
- **2–3 Vanilleschoten**
- **1 Prise Salz**
- **2–3 EL Maisstärke**

Äpfel schälen und mit dem Stiel nach oben in eine Kasserolle legen (die Kasserolle sollte nicht zu groß sein!), mit Rotwein, Zucker, Ribiselgelee, Zimtstangen, Pimentkörnern, aufgeschnittenen und ausgekratzten Vanilleschoten und einer Prise Salz aufkochen lassen, Hitze zurücknehmen und 20–30 Minuten leise köcheln lassen.
Äpfel aus der Sauce nehmen und auf einer Platte anrichten (warm halten). Maisstärke mit etwas Wasser oder Rotwein anrühren und in den Weinsud rühren, aufkochen lassen und die Sauce mollig einkochen.
Sauce über die Äpfel gießen und als Beilage zu Ente, Gans oder Wildgerichten reichen.

Tipp: Rotweinäpfel schmecken auch ausgezeichnet mit Vanilleeis als Dessert oder kalt als Beilage zum Käseteller.

Die Steirische Apfelstraße und die Apfelbauern ...

... ein natürliches Stück Österreich! Ein riesiger rosaroter Teppich aus unzähligen Apfelblüten im Frühjahr und ein Meer aus schönen purpurroten Äpfeln im Herbst – so präsentiert sich die Steirische Apfelstraße seinen Besuchern. Rund 40 Betriebe gründeten 1986 gemeinsam die Steirische Apfelstraße – eine der ersten Themenstraßen Österreichs überhaupt. Die Grundidee dahinter war, die Wirtschaftskraft der Region zu stärken und auf ihre Vorzüge aufmerksam zu machen.

Die 25 Kilometer lange Apfelstraße führt von Prebuch und Kalch im Süden vorbei an zahlreichen Sehenswürdigkeiten, Gasthöfen und Apfelbauern nach Stubenberg im Norden. Ein besonderer Höhepunkte entlang der Apfelstraße ist unter anderem der Aussichtsberg Kulm mit fast 1.000 m Seehöhe – von hier aus hat man bei Schönwetter die Gelegenheit, einen einzigartigen Rundblick über die Steiermark und das Burgenland zu genießen; an schönen Tagen sieht man bis ins benachbarte Ungarn und zum Plattensee.

Kehrt man bei den zahlreichen Apfelbauern entlang der Apfelstraße ein, hat man die Möglichkeit, die regionalen Spezialitäten vor Ort zu verkosten, alles über ihre Herstellung zu erfahren und die Produkte nicht zuletzt auch zu erwerben. Fast alle Apfelbauern bieten mit eigens eingerichteten Hofläden die passenden Räumlichkeiten hierfür, viele haben auch einen Buschenschank-Betrieb für gemütliches Beisammensein.

Apropos Buschenschank: Einen zünftigen Besuch in einer original steirischen Buschenschank sollte man nicht verabsäumen, denn die steirischen Weine sind aller Ehren wert und die urtypischen Schmankerln ein echtes Genusserlebnis! Über aktuelle Veranstaltungen informiert der Apfelstraßen-Verführer, das liebevoll gestaltete Magazin der Apfelstraße.

Für die Erkundung der Apfelstraße sollte man sich Zeit nehmen, denn man braucht Ruhe und Muße, um die große Vielfalt an Produzenten und Produkten kennenzulernen. Doch wenn man sich treiben lässt, so wird man ein echtes und unverfälschtes Stück Österreich finden. Auf den nachfolgenden Seiten werden einige wichtige Protagonisten vorgestellt.

Obstbau Wilhelm

Der Familienbetrieb Wilhelm vereinigt sowohl Obst- und Weinbau als auch eine Spezialitätenbrennerei und einen wunderschönen Hofladen unter seinen Dächern, ganz so wie einst die herrschaftlichen Landgüter. Somit bieten Josefa und Josef Wilhem auf ihrem Gut – liebevoll „Seppi-Peppi-Hof“ genannt – den Gästen und vor allem den Feinschmeckern unter ihnen eine einzigartige kulinarische Erlebniswelt rund um den Apfel. 17 Hektar Obstgarten gehören zum Betrieb, in denen Apfelsorten wie Rubinette, Elstar und Kronprinz Rudolf oder gar Raritäten wie Gravensteiner geerntet werden.

Neben den feinen Edelbränden und frischem Obst – alles naturnah produziert – kann man im Hofladen auch Fruchtsäfte, Liköre, Marmeladen, Honig und Honigprodukte erwerben, wunderbare Schnäpse und Weine aus eigener Produktion verkosten oder zahlreiche andere Viktualien aus der Schatzkammer Steiermark (wie z. B. echtes Steirisches Kürbiskernöl g.g.A.) kaufen.

Sehenswert ist die Brennerei, in der zahlreiche der wunderbaren Brände entstehen. Brennereiführungen mit anschließender Verkostung gelten als legendär. Und um Sie neugierig zu machen, sei an dieser Stelle erwähnt, dass in diesen Räumlichkeiten alljährlich auch der sagen- und mythenumwobene Abakus destilliert wird. Der Hausherr Josef Wilhelm ist nämlich einer der 23 Apfelmänner – mehr dazu erfahren Sie auf Seite 50.

Josefa Wilhelm,
Obstbäuerin

Obstbau und Spezialitätenbrennerei Wilhelm
Lingstätten 2
8182 Puch bei Weiz
Tel.: ++0043(0)3177/4141
www.wilhelm.at

CHRISTIAN CARL
CC

Bio-Hof Schloffer

Die Familie Schloffer bewirtschaftet einen Obstbauernhof mit Schnapsbrennerei im Ort Oberfeistritz am nördlichen Rand der Steirischen Apfelstraße und lädt seit Jahrzehnten Gäste dazu ein, sich hier zu erholen. Eingebettet zwischen den grünen Bergen Zetz, Kulm, Rabenwald und Raas liegen die Obstgärten, hier wachsen die g'schmackigen Früchte für Frischobst und Edelbrände heran. Das spezielle Klima des Tals – tagsüber die warme Luft aus dem pannonischen Süden und nachts kühler Wind aus den nahen Bergen – verleiht den Früchten einen einzigartigen Charakter und ihr besonderes Aroma.

Maria Theresia verlieh den Vorfahren der heutigen Schloffers das Brennrecht. Nach seit Generationen überliefertem Wissen werden ausgesuchte Früchte sorgfältig gemaischt und zu Edelbränden verarbeitet, die besonders weich, rund, mild und vollfruchtig sind. Neben den verschiedensten Apfelbrandspezialitäten (von denen ich den so genannten „Sommerapfel" aufgrund seiner geradezu „spielerischen Leichtigkeit" hervorheben möchte) werden hier auch Raritäten erzeugt, von denen der Johannisbeerbrand besonders hervorzuheben ist. Nur wenige Schnapsbrenner auf dieser Welt sind in der Lage, aus der Johannisbeere einen vollendeten Brand herzustellen, denn diese Frucht ist für den Brennmeister eine echte Herausforderung, weil sie sehr launisch und geradezu „divenhaft" ist!

Karl Schloffer,
Bio-Obstbau

Nach alter Bauerntradition wollen Karl und Paula Schloffer ihren Grund und Boden zumindestens ebenso „gesund" an die Kinder übergeben, wie sie ihn übernommen haben. Daher arbeiten sie bereits seit 20 Jahren mit der gezielten Einbringung von Nützlingen gegen Schadinsekten und düngen den Boden regelmäßig mit Kompost, um ihn zu verbessern. Die logische Konsequenz war, dass man vor einigen Jahren beschlossen hat, den gesamten Betrieb zu einem Bio-Obstbaubetrieb umzustellen. Ein Ziel, das nach vielen Jahrzehnten im August 2010 endlich erreicht wurde.

Bio-Hof Schloffer
Karl und Paula Schloffer
Oberfeistritz 26
8184 Anger
Tel.: ++43(0)3175/2452
edelbraende@schloffer.at

Obstbau Leitner

Zu Martin Leitner – in der Region besser bekannt als „Niglbauer" – habe ich ein ganz besonderes Verhältnis, denn er war es, der mir im Rahmen der Recherchen zum Buch „Genussland Österreich" das Apfelland nahebrachte und mich (nach einer ausgiebigen Mostverkostung) meinen ersten Abakus verkosten ließ. Und bis heute beziehe ich meinen Apfelsaft bevorzugt vom Obstbaubetrieb der Familie Leitner, denn den fruchtigen Obstsaft gibt es hier im so genannten „Bag-in-Box-System", abgefüllt (zu 3 oder 5 Litern). So hat man zu Hause immer frischen Apfelsaft zum „Selberzapfen". Aber auch die herrlichen Apfel-Mischsäfte wie Apfel-Holunder, Apfel-Weichsel oder Apfel-Johannisbeere (mein Favorit) schmecken köstlich.

Der Niglbauer ist aber auch bekannt für „Geistreiches", schließlich ist Martin Leitner einer der 23 Apfelmänner. Empfehlenswert ist vor allem der Golden-Delicious-Edelbrand (aus dem Eichenfass), aber auch die Apfelbeere (Aronia) sollte man sich nicht entgehen lassen. Most, Apfelwein, Apfelsekt und diverse Liköre komplettieren das vielseitige Angebot und machen den Obstbaubetrieb zu einem Apfelhof, wie man ihn sich wünscht.

Martin Leitner,
Obstbauer

Obstbau Leitner
Harl 57
8182 Puch bei Weiz
Tel.: ++43(0)3177/2036
office@niglbauer.at

Obstbau Zöhrer

Obwohl die Familie Zöhrer immer auch Obst produziert hat, lag der landwirtschaftliche Schwerpunkt früher bei der Viehwirtschaft. Erst 1971 stellte man den gesamten Betrieb auf Obstbau um. Heute ernten die Zöhrers auf ihrem 12 Hektar großen Obstbaubetrieb vornehmlich natürlich Äpfel, aber auch Birnen.

Wie bei vielen anderen Obstbaubetrieben der Apfelstraße wird auch hier ein Teil der Produkte auf dem eigenen Hof verarbeitet, wobei der Schwerpunkt bei den Edelbränden (aus Äpfeln, Birnen, Pfirsichen, Holunderbeeren oder Kirschen) liegt.

Im Jahre 1985 wurden die ersten Versuche unternommen, einen eigenen Apfelsekt zu erzeugen. Heute ist der Apfelsekt – händisch nach der Champagnermethode hergestellt – das wahrscheinlich beste Produkt aus dem Hause Zöhrer. Egal, ob gut gekühlt als erfrischendes Sommergetränk oder mit einem Schuss Nektar verfeinert, der Apfelsekt erfreut sich bei Freunden dieser Spezialität zu Recht allergrößter Beliebtheit.

Karin Zöhrer,
Apfelbäuerin

Obstbau Zöhrer
Klettendorf 9
8182 Puch bei Weiz
Tel.: ++0043(0)3177/2432
obstbau.zoehrer@aon.at

Obstbau Pangerl

Bereits seit 1490 wurde der Hof der Familie Pangerl als „Ort an der Sunn" geschichtlich erwähnt und ist somit einer der traditionsreichsten Betriebe im Apfelland. Doch neben der langen Tradition ist man hier stolz auf die vielen hausgemachten Köstlichkeiten aus verschiedenen Apfelsorten, aber auch aus anderem Obst. Doch besonders gerne verkauft die Familie Pangerl das frische Obst direkt vom Baum, weil es so rein, reif, unverfälscht und vollkommen ist. Werner Pangerl erklärt hierzu: „Vieles hat sich während der langen Geschichte unseres Hofes getan. Aber eines hat sich auch über die Jahrhunderte nicht geändert: Durch die ideale Südwestlage sind wir mit Sonne gesegnet, was wiederum den Obstbäumen rund um unser Haus zugutekommt!"

Neben verschiedenen Säften, Bränden und Marmeladen kann man im hauseigenen Hofladen auch diverse Liköre, edlen Most und naturvergorenen Apfelessig erwerben. Oder man verkostet die Palette der hausgemachten Spezialitäten gleich vor Ort in der sehr gemütlichen Jogl-Stub'n.

Werner Pangerl,
Obstbauer

Obstbau Pangerl
Elz 17
8182 Puch bei Weiz
Tel.: ++0043(0)3177/3585
info@pangerl-obst.at

Hofladen Singer

Hofläden sind im Apfelland und entlang der Steirischen Apfelstraße an und für sich weder eine Seltenheit (fast jeder Hof betreibt hier einen Hofladen) noch etwas Außergewöhnliches. Und doch unterscheidet sich der Hofladen der Familie Singer von allen anderen vor allem dadurch, dass er besonders urig und gemütlich wirkt, weil er in einem alten Lagerkeller untergebracht ist. Dadurch hat er eher den Charakter einer alten Greißlerei als eines Hofladens. Neben frischem Obst kann man hier allerlei hausgemachte Produkte vom Saft bis zur Marmelade erwerben.

Anni und Sepp Singer haben sich auf die Produktion von Dörrobst spezialisiert, vor allem Apfelringe, Dörrbirnen und Dörrzwetschken werden von ihnen zu gesunden Knabbereien verarbeitet. Weiters ist man hier besonders stolz auf die – tatsächlich köstlichen – Fruchtnektare, die es in vielen Sorten gibt; besonders empfehlenswert sind Birnen-, Pfirsich- und Erdbeernektar.

Anni Singer,
Obstveredlerin

Familie Singer
8224 Tiefenbach 30
Tel.: ++0043(0)3334/2321

J. Güssl

Haus des Apfels

Inmitten des Apfellandes befindet sich in der Nähe des Apfeldorfes Puch auf dem Anwesen der Familie Kelz das so genannte „Haus des Apfels", welches im Jahr 1990 auf Initiative des Vereins Steirische Apfelstraße gegründet worden ist. Von Beginn an hat die Familie Kelz ihr „Haus des Apfels" als lebendiges Museum konzipiert. So befindet sich hier eine ständige Schausammlung, in der man viel Wissenswertes über den Apfel und den Obstbau im Allgemeinen erfahren kann, vor allem aber über seine Bedeutung für die Region, seine Stellung im ländlichen Brauchtum und seine Geschichte vom Neolithikum (Steinzeit) bis heute.

Auf dem Anwesen befindet sich auch ein sehenswertes altes Presshaus, das insbesondere für den Abakus von Bedeutung ist, denn hier reifen im uralten Kellergewölbe (unter dem Presshaus gelegen) die verschiedensten Jahrgänge des sagenumwobenen Abakus (siehe S. 50) in der kühlen Luft zu einzigartigen Kreszenzen heran.

Neben einem Hofladen, in dem die verschiedensten Apfel-Spezialitäten aus eigener Produktion angeboten werden, ist der Mostschank (Teile des Gebäudes sind mehr als 400 Jahre alt) das kulinarische Epizentrum. Hier serviert die Familie Kelz hausgemachte Speisen und Getränke, von denen einige mittlerweile weit über die Grenzen der Steiermark hinaus berühmt sind – wie z. B. die sensationellen Apfelkrapfen oder der Apfelschlangl, zwei der köstlichsten Apfelrezepte, die man sich vorstellen kann. Zum aromatischen Geselchten, zu dem natürlich selbst gebackenes Brot aus dem Holzofen gereicht wird, schmeckt der Most vom „Haus des Apfels" besonders gut, und danach sollte man sich einen der vielen ausgezeichneten Edelbrände nicht entgehen lassen.

Apolonia Kelz,
Mostschankwirtin

Haus des Apfels
Harl 25
8182 Puch bei Weiz
Tel.: ++0043(0)3177/3117
mostschank.kelz@aon.at

Apfelschlangl nach Omas Rezept

Teig
- **600 g Mehl**
- **140 g Butter (oder Margarine)**
- **200 g Staubzucker**
- **2 Eidotter**
- **1/2 P. Backpulver**
- **1 Prise Salz**
- **ca. 250 ml Milch**
- **1 P. Vanillezucker**

Fülle
- **6 säuerliche Äpfel (Idared, Elstar)**
- **3 EL Kristallzucker**
- **etwas Zimt**
- **6 EL Haselnüsse, gerieben**

Für den Teig Mehl und Butter abbröseln und mit allen übrigen Zutaten rasch zu einem Teig verkneten. Den Teig halbieren, beide Teighälften gleich groß ausrollen und eine Hälfte als Boden auf das gefettete Backblech legen.

Für die Füllung die geschälten Äpfel fein reiben und auf dem Teigboden verteilen. Danach Zucker, Zimt und die geriebenen Haselnüsse darüberstreuen.

Die zweite Teighälfte darauflegen, mit einer Gabel anstechen und bei 180 °C Ober- und Unterhitze ca. 30 Minuten backen.

Je nach Geschmack noch warm oder auch ausgekühlt servieren.

Apfelkrapfen

Krapfenteig
- **1 kg Universalmehl**
- **120 g Kristallzucker**
- **140 g Margarine**
- **6 g Germ**
- **500 ml Milch**
- **6 Eidotter**
- **2 cl Rum**
- **1 P. Vanillezucker**
- **etwas Zitronensaft**

- **2 säuerliche Äpfel**
- **Schmalz oder Butterschmalz zum Backen**
- **Zimtzucker**

Aus den Teigzutaten einen Germteig bereiten und diesen gut aufgehen lassen. Die Äpfel schälen, vierteln, Kerngehäuse entfernen und blättrig schaben.
Germteig ca. 1 cm dick rechteckig ausrollen und gleichmäßig mit den geschabten Äpfeln belegen, dann einrollen. Die Rolle mit einem gut schneidenden Messer in 1,5 cm dicke Scheiben schneiden, diese auf ein bemehltes Tuch legen und zugedeckt erneut aufgehen lassen.
Die Apfelkrapfen in heißem Fett zugedeckt ca. 3–4 Minuten goldgelb backen, dann wenden und ohne Deckel weitere 3 Minuten backen.
Fertige Krapfen herausnehmen und auf einem Küchentuch abtropfen lassen, nach dem Auskühlen mit Zimtzucker bestreuen.

Abakus, der Geist der Apfelmänner

Dass eine derart vom Apfel geprägte Region auch ein Refugium für „hochgeistige" Genüsse ist, scheint auf den ersten Blick logisch zu sein. Doch was die 23 Apfelmänner – eine Art „geistreicher" Geheimbund – hervorbringen, ist mehr als nur ein einfacher Geist: Es ist vielmehr so etwas wie ein geistreiches Lebenselixier. Hier seine Geschichte:

Seit 1998 betreiben die 23 Apfelmänner aus Puch bei Weiz ein Ritual, das sich auf alte Mythen stützt. Sie sperren sich einmal im Jahr drei Tage lang in einem ausgewählten Keller ein, um mit Hilfe eines Brennkessels und hochwertiger Maische aus reifen und perfekt sauber verarbeiteten Äpfeln einen außergewöhnlichen Edelbrand zu destillieren: den Abakus.

Abakus ist bekanntlich auch der Name einer uralten Rechenmaschine mit Kugeln. Und weil die Apfelmänner bei ihren Klausuren handliche helle und dunkle Kugeln verwenden, um mit ihnen Abstimmungen durchzuführen (die „helle" Kugel bedeutet Zustimmung, die „dunkle" Ablehnung), wurde der Abakus als Pate für den edlen Schnaps gewählt. Zu Beginn der geheimen Sitzungen wählen die Apfelmänner einen Vorsitzenden, den sie Abellio nennen (nach dem keltische Apfelgott, den man am 23. Dezember feierte). Erkennen kann man den Abellio an seiner roten Kugel, mit der er bei Stimmengleichheit die Entscheidung herbeiführt. Dieses Wahlritual hat sich seinerzeit bereits bei Mönchen längst vergangener Tage bewährt.

Die 23 Apfelmänner haben es zu wahren Meistern ihres Faches gebracht und verleihen ihrem Abakus nicht nur eine überaus hohe Qualität, sondern vor allem eine eigene Charakteristik und ein Charisma, das viele andere Edelbrände nicht haben.

Ein Abakus „entsteht“ zunächst in den Köpfen der Gruppe und wird jedes Jahr aus einer anderen Sorte gebrannt. Von der Blüte bis zur Ernte beobachten die Pucher Apfelmänner die Entwicklung der Apfelbäume und ihrer Früchte (denn ein guter Brand hat seinen Ursprung bereits im Obstgarten). Gemeinsam bestimmen sie, welche Sorte im jeweiligen Jahr weiterverarbeitet werden darf. Eingemaischt werden nur Äpfel, die im Laufe des Jahres die herausragendste Entwicklung im Obstgarten aufweisen – bisher waren es beispielweise die Sorten Gravensteiner, McIntosh, Gala, Eisapfel und Maschansker, zweimal wählte das Kollegium mehrere Sorten für den Abakus. Von diesem werden nach einem strengen Reglement alljährlich nur 1444 Flaschen destilliert – diese Anzahl entspricht der Jahreszahl 1444 – in diesem Jahr wurde die Kirche in Puch bei Weiz gegründet. Nach dem Brennen wird der Abakus dann Ende Dezember (meist am 23.12.) jeden Jahres zunächst zur Segnung in die Pucher Kirche gebracht, bevor er dann von den in Kutten gekleideten Apfelmännern zum „Haus des Apfels“ getragen wird, wo er mindestens 1 Jahr in Glasballons reift, bevor er in Flaschen umgefüllt wird. Das Markenzeichen des Edelbrandes ist ein schwarzer Rabe (er ist auf einem Bild in der Pucher Kirche zu sehen).

Neben der Prestigemarke Abakus destillieren die Apfelmänner den so genannten Abellio, den jedes Mitglied selbst brennen darf; vorausgesetzt, dass ihm mindestens zwei Apfelmänner mit Rat und Tat zur Seite stehen und dass er von einer externen Jury verkostet und bewertet wird. Und mit dem Apfellikör „Bona Dea“ – der Göttin der Fruchtbarkeit geweiht – findet man im Apfelland (wie könnte es anders sein) auch eine „süße“ Verführung. Wie Abakus und Abellio muss auch dieser außergewöhnliche Likör von erlesener Güte und optimaler Reife sein und darf nur nach einer geheimen Abstimmung abgefüllt werden. Abakus, Abellio und Bona Dea sind die drei Produkte der Apfelmänner, mit denen sie ihre Traditionen weiterleben.

famos, liebe isst ...

Ganz nach seinem Motto betreibt der Koch Franz Meißl einerseits einen Gewürzhandel, andererseits aber auch fundamentale Aufklärungsarbeit (in Zusammenarbeit mit Kindergärten und Schulen) in Sachen ausgewogener und gesunder Ernährung.

Und weil Franz Meißl nicht nur seine Arbeit, sondern auch seine Heimat, die Oststeiermark, liebt, hat er eine ganz spezielle Gewürzmischung kreiert, die das Aroma der Region in sich vereint. Unter der Bezeichnung „Steirererd'n" wird diese köstliche Gewürzmischung vermarktet und beinhaltet viele typische Ingredienzien der Steiermark, wie z. B. Ursalz (aus Bad Aussee, siehe „Ausseer-Land-Kochbuch", Stocker Verlag), Quendel (wilder Thymian) oder steirische Kürbiskerne. Neben der „Steiererd'n" bietet Franz Meißl aber noch eine ganze Reihe anderer würziger Gaumenfreuden an, die für Salate, Fische, Fleisch oder Wild empfohlen werden. Als Liebhaber orientalischer Aromen fand ich das „Orientalisch famos" besonders gut, aber auch die Pfeffermischung ist sehr empfehlenswert.

Franz Meißl empfiehlt für seine Gewürzmischung Steirererd'n folgende Rezeptur: „Ich streue die Steiererd'n gerne auf ein Butterbrot oder bereite mit ihr Apfel-Krautfleckerln zu. Hierfür hacke ich eine Zwiebel und 1 Knoblauchzehe fein und schwitze sie in etwas Butter mit 1 TL Zucker an. Dann kommen 400 g würfelig geschnittenes Kraut dazu und ich würze mit Steirererd'n, Kümmel und Pfeffer aus der Mühle. Alles mit 2 EL Apfelessig ablöschen, 2 Lorbeerblätter hinzufügen und zugedeckt bei niedriger Hitze langsam ca. 15 Minuten dünsten. In der Zwischenzeit entkerne, schäle und würfle ich 4 säuerliche Äpfel, gebe diese zum gedünsteten Kraut und lasse alles zugedeckt fertig dünsten. Zum Fertigstellen 4 EL Kernöl und 2 EL Apfelbalsamessig verrühren. Die separat bissfest gekochten Fleckerl (ca. 350 g Rohgewicht) mit dem Kraut vermengen und auf einem Teller anrichten. Mit geschnittenem Schnittlauch garnieren und mit der Kernölmarinade beträufeln. Guten Appetit!"

Franz Meißl,
Gewürzmischer

famos, liebe isst ...
Oberrohr 63
8294 Rohr bei Hartberg
T +43 664 524 18 07
famos@liebe-isst.at
www.liebe-isst.at

Der Schlosskutscher

In unserer schnelllebigen und hektischen Zeit sehnen sich viele Menschen nach Romantik, Ruhe und Beschaulichkeit, nicht wenige sogar nach der vielzitierten „guten alten Zeit“. Diese Sehnsucht kann der einzige offizielle „Schlosskutscher“ in Österreich, Rudi Allmer, zumindest temporär stillen. „Kutscher zu sein, ist für mich eine bestimmte Art zu leben. Es ist die wunderbare Kombination vom Umgang mit Pferden und mit der Natur, die mich ständig fordert in all meinem Tun und Denken. Und meine Pferde sind Fabelwesen zwischen den Welten, während meine Kutsche wie eine Zeitmaschine fungiert“, schwärmt der Schlosskutscher.

Tatsächlich ist Rudi Allmer ein charmanter Pferdeflüsterer in Livreé, Schaftstiefeln und Dreispitz. Seine eleganten Gelderländer ziehen im Zwei- oder Viergespann je nach Tour und Wunsch eine Wagonette (für abenteuerliche Wege wie anno dazumal), ein Break (für romantische Landpartien), eine große Gesellschaftskutsche für 10 Personen oder auch eine Halbchaise mit Lederverdeck, die besonders gern für romantische Fahrten bei Vollmond oder bei Hochzeiten gebucht wird.

Es ist schon ein seltenes Erlebnis, auf diese Weise durch die bezaubernde Landschaft rund um den Stubenbergsee zu fahren. Burgen, Schlösser und alte Eichen erinnern an ein Mittelalterepos, und bei einer Einkehr in eine der urigen Schenken der Umgebung spürt man die Wärme und Gastfreundschaft der Einwohner.

Rudi Allmer, Schlosskutscher

Wer genügend Zeit mitbringt, sollte unbedingt einmal die 4-Tages-Tour von Schloss Stubenberg über Schloss Schielleiten, Schloss Herberstein, Schloss Obermayerhofen, Riegersburg, Schloss Kornberg und Schloss Kapfenstein mitmachen – ein wahrlich einzigartiges Erlebnis, das man sicherlich niemals vergessen wird.

Der Schlosskutscher
Vockenberg 53
8223 Stubenberg am See
Tel.: ++(0)664/382 3202
der@schlosskutscher.at

Gastronomie

Die geschmorte Lammschulter ist eine Hausspezialität vom Posthotel Thalerhof (Rezept s. S. 103)

Willkommen

Kirchenwirt Hofer

Direkt im Ortskern von Puch, gleich neben der schönen Pucher Kirche, befindet sich der wunderschöne Gasthof der Familie Hofer, der so genannte „Kirchenwirt". Abseits aller Durchzugsstraßen, begrenzt von Obstgärten und grünen Wäldern, lädt der traditionelle Familienbetrieb zum Erholen und Genießen ein. Während sich die Eltern laben, stehen mit dem Spielplatz und dem Indianerdorf im Innenhof gleich mehrere Möglichkeiten für das „Kinderunterhaltungsprogramm" zur Verfügung (Hausgäste spazieren über die parkähnliche Wiese gleich zum nur hundert Meter entfernten Freibad). Für Feierlichkeiten aller Art steht in diesem Dreikanthof – Teile von ihm sind mehr als 500 Jahre alt – ein urig gemütlicher Stadl zur Verfügung.

Herzstück des Gasthauses ist aber die verfeinerte Regionalküche, welche hier unter Küchenchefin Anita Hofer aufgetischt wird. Selbstverständlich stehen viele ihrer Kreationen im Zeichen des Apfels. Es wird für Freunde traditionell herzhafter Schmausereien genauso gesorgt wie für Liebhaber mediterraner Leichtigkeit. Kein einfacher Spagat, den Frau Hofer aber perfekt zu meistern versteht. Nicht entgehen lassen sollte man sich das Apfel-Schafkäse-Tatar, den köstlichen Schweinsbraten mit Erdäpfelwurst und die gefüllten Apfel-Sackerln mit Mostschaum zum Dessert – so schmeckt das Apfelland!

Anita Hofer,
Küchenchefin

Gasthof „Zum Kirchenwirt"
Familie Hofer
Puch 2
8182 Puch/Weiz
Tel.: ++43(0)3177/2247
mail@kirchenwirt-puch.at

Apfel-Schafkäse-Tatar am Kernöl-Rahmspiegel im Salatbett

Tatar
- **400 g Schafkäse**
- **1–2 Delicious (je nach Größe)**
- **1 kleine Schalotte**
- **1 Knoblauchzehe**
- **Thymian**
- **Olivenöl**
- **Salz und Pfeffer aus der Mühle**

Kernöl-Rahmspiegel
- **4 EL Sauerrahm**
- **2 EL Kürbiskernöl**
- **etwas Worcestersauce**
- **Salz und Pfeffer aus der Mühle**

Garnitur
- **1 Paradeiser**
- **1/2 Zucchini**
- **verschiedene Blattsalate**

Den Schafkäse zerdrücken, die Äpfel schälen und in kleine Würfel schneiden, Schalotte fein hacken, Knoblauchzehe zerdrücken. Dann alle Zutaten gut vermischen und ziehen lassen.

Für den Spiegel Sauerrahm mit Kernöl, Worcestersauce, Salz und Pfeffer verrühren.

Schafkäse-Tatar dekorativ mit dem Kernöl-Rahmspiegel, Paradeiserscheiben und Zucchini anrichten und mit in Mostessig-Kernöl-vinaigrette mariniertem Salat garnieren.

Kirchenwirt Hofers Mostschaumsuppe

- 4 Schalotten
- 2 EL Butter
- 1 säuerlicher Apfel
- 500 ml Most
- 1 l klare Gemüse- oder Hühnersuppe
- 1 EL Zucker
- 1 Prise Kümmel
- 1 Lorbeerblatt
- Salz und Pfeffer
- 1/2 Knoblauchzehe, gepresst
- 1 großen Erdapfel
- 125 ml Obers

Schalotten würfelig schneiden und in einem Topf in Butter glasig anschwitzen. Den Apfel schälen, entkernen und würfelig schneiden, Apfelwürfel zum Zwiebel geben und kurz mitrösten. Alles mit Most und Suppe aufgießen und die Gewürze beigeben.
Den Erdapfel schälen und würfelig schneiden, danach in die Suppe geben und ca. 30 Minuten köcheln lassen (auf ca. 1 Liter einkochen lassen).
Danach das Obers dazugeben und alles mit einem Stabmixer mixen, abschmecken.

Tipp: Dazu kann man Schwarzbrotstreifen in Olivenöl knusprig anrösten und diese (mit Petersilie bestreut) zur Suppe reichen.

Delicious-Kürbis-Cremesuppe mit Kernölhaube

- 750 g Kürbis (Hokkaido)
- 4 Äpfel (Golden Delicious)
- 2 Schalotten
- 2 EL Butter
- 2 EL Currypulver
- 1 TL Chilipulver
- Salz und Pfeffer aus der Mühle
- 1,5 l klare Gemüse- oder Hühnersuppe
- 250 ml Obers
- Kernöl

Kürbis und Äpfel schälen, in kleine Würfel oder Streifen schneiden. Gehackte Schalotten in etwas Butter glasig anschwitzen. Kürbis- und Äpfelwürfel sowie alle Gewürze dazugeben und mit der klaren Suppe aufgießen, ca. 1 Stunde bei schwacher Hitze köcheln lassen.
Alles mit einem Stabmixer mixen und dabei das Obers hinzugeben. Vor dem Anrichten eventuell einen Tupfen steif geschlagenes Obers auf die Suppe geben und mit etwas Kernöl übergießen.

Hühnerbrüstchen mit Rosmarin im Vulcano-Schinkenmantel

- **8 Hühnerbrustfilets**
- **frische Rosmarinnadeln, gehackt**
- **16 Scheiben Vulcano Schinken**
- **2 EL Butterschmalz**

Beilage
- **Polenta**
- **gemischtes Röstgemüse (Kirsch-Paradeiser, Zucchini, Brokkoliröschen …)**
- **frische Kräuter**

Die Hühnerbrustfilets häuten, salzen und mit Rosmarin (Menge nach persönlichem Geschmack) würzen, danach mit jeweils zwei Scheiben Vulcano Schinken umwickeln.
Bei nicht zu starker Hitze in heißem Butterschmalz rundherum anbraten, dann einige Minuten bei 160–180 °C im Backrohr nachgaren lassen.
Die Hühnerbrustfilets auf Tellern anrichten, als Beilage reicht man z. B. gemischtes Röstgemüse und Polenta. Mit Kräutern (Rosmarinzweig, Thymian etc.) ausgarniert servieren.

Gefüllte Apfelsackerln auf Mostsabayon

- **3 süß-saure Äpfel**
- **etwas Zitronensaft**
- **Apfelschnaps nach Geschmack**
- **Zucker nach Geschmack**
- **Zimt**
- **2 EL Rosinen**
- **3 EL Nüsse, gerieben**
- **3 EL Butterbrösel**
- **1 P. Strudelteigblätter**
- **1 Eidotter**

Mostsabayon

- **500 ml Most**
- **ca. 125 g Zucker**
- **125 ml Orangensaft**
- **4 Eidotter**

Garnitur

- **Obers**
- **Apfelspalten**
- **Minzeblätter**

Äpfel schälen und in kleine Würfel schneiden. Mit Zitrone und Apfelschnaps marinieren und mit Zucker, Zimt, Rosinen, Nüssen und Butterbröseln vermengen, alles ca. 30 Minuten ziehen lassen.

Die Strudelteigblätter zu Quadraten von 12 x 12 cm Kantenlänge schneiden, jeweils in die Mitte der Quadrate Apfelfülle geben, die Ränder mit Eidotter bestreichen und den Teig über der Füllung zu „Sackerln" formen.

Nochmals mit Eidotter bestreichen, dann die Sackerln im vorgeheizten Backrohr bei 180 °C ca. 20 Minuten goldgelb backen.

Alle Zutaten für die Sabayon in einen Schlagkessel füllen und über Dampf schaumig schlagen.

Mostsabayon in tiefen Tellern anrichten und je 2 „Apfelsackerln" daraufsetzen, mit steif geschlagenem Obers, Apfelspalten und Minzeblättern garnieren.

Gebackene Apelknödel auf Abellio-Caramel-Creme

Apfelknödel
- **4 süß-säuerliche Äpfel (Elstar, Gala)**
- **8 cl Abellio (Apfelbrand der Apfelmänner von Puch)**
- **4 EL Nüsse, gerieben**
- **4 EL Semmelbrösel**
- **1 TL Zimt**
- **1 TL Gewürznelkenpulver**
- **Zucker nach Belieben**

- **Ei, Semmelbrösel zum Panieren**
- **Öl zum Ausbacken**

Creme
- **250 g Kristallzucker**
- **30 g Butter**
- **125 ml Apfelsaft**
- **125 ml Orangensaft**
- **4 cl Abellio**

Die geschälten Äpfel kleinwürfelig schneiden und mit Apfelbrand marinieren. Dann die restlichen Zutaten und Gewürze dazugeben, alles gut verrühren und ca. 2 Stunden im Kühlschrank ziehen lassen. Aus der Masse nicht zu große Knödel formen, diese in verschlagenem Ei und Semmelbröseln panieren.
Die Knödel in nicht zu heißem Öl ca. 5–10 Minuten goldbraun backen, auf Küchenkrepp abtropfen lassen.
Für die Creme Zucker in Butter karamellisieren, mit Apfelsaft und Orangensaft ablöschen, kurz verkochen lassen, bis man eine sämige Sauce hat, schließlich mit Abellio aromatisieren und servieren.
Die Knödel mit der Creme anrichten und nach Belieben garnieren.

Meißl
Wirtshaus
PUNTIGAMER

Meißl
Wirtshaus

Wirsthaus Meißl

Das Wirtshaus Meißl liegt mitten im paradiesischen Apfeldorf Puch. 1885 legte Franz Meißl den Grundstein für einen traditionsreichen Gastronomiebetrieb, der nun bereits seit über 120 Jahren in fünfter Generation von der Familie Meißl geführt wird.

Vieles hat sich in dieser Zeit verändert. Stand in den ersten Jahrzehnten der Erwerb aus der Landwirtschaft im Vordergrund, so ist es heute die ständige Qualitätssteigerung und die Gastronomie. Größtes Augenmerk wird darauf gelegt, die Gäste zu verwöhnen und dabei den modernen Zeitgeist und die traditionelle Wirtshauskultur zu einem gemütlichen Gesamtkunstwerk zu vereinen – und das spürt man hier als Gast sofort.

Vor allem im Sommer kann man im schönen Gastgarten wunderbar die Seele baumeln lassen, sich an Most, Apfelwein oder einem Fläschchen steirischem Wein laben und sich dabei die köstlichen herzhaften Gerichte aus der Küche von Resi Meißl schmecken lassen! Der „Meißl" ist halt noch so, wie man sich ein echtes Wirtshaus vorstellt, und daher gibt es hier auch die berühmte steirische Beuschlsuppe, die traditionell nach dem sonntäglichen Kirchgang genossen wird.

Maria „Resi" Meißl,
Küchenchefin

Wirtshaus Meißl
Puch 21
8182 Puch bei Weiz
Tel.: ++43(0)3177/2205
wirtmeissl@utanet.at

Marinierter Apfel-Kürbis-Salat mit Räucherkarpfen

- 1 säuerlicher Apfel (Elstar)
- 250 g Muskatkürbis
- 100 g brauner Zucker
- 125 ml Apfelessig
- Thymian, frisch gehackt
- Majoran, frisch gehackt
- etwas Ingwer, frisch gerieben
- 1 Messerspitze Cayennepfeffer
- Salz und Pfeffer aus der Mühle

Kürbiskern-Zwieback

- 4 Eiklar
- 150 g Zucker
- 1 TL Maisstärke
- 125 g geröstete Kürbiskerne, gemahlen
- 100 g glattes Mehl
- Butter für die Form

Sauce

- 250 ml Crème fraîche
- etwas Apfelsaft
- Salz

- 1 filetierter Räucherkarpfen

Für den Zwieback Eiklar, Zucker, Maisstärke, Kürbiskerne und Mehl schaumig rühren, in eine ausgebutterte Kastenform füllen und bei 160 °C ca. 30 Minuten backen.

Für den Salat Apfel und Kürbis schälen, Kerngehäuse entfernen und Fruchtfleisch in kleine Würfel schneiden.

Braunen Zucker karamellisieren lassen, danach mit Apfelessig ablöschen und die Apfel- und Kürbiswürfel sowie die Gewürze beimengen. Bei mittlerer Hitze ca. 15 Minuten ziehen lassen, bis sie eine sämige Konsistenz haben, danach abkühlen lassen.

Für die Sauce alle Zutaten gut vermengen.

Karpfenfilets mit portioniertem Kürbiskernzwieback und Salat gefällig anrichten und mit der Sauce garnieren.

Breinwurst mit Apfelrotkraut

Breinwurst
- **250 g Rollgerste**
- **500 g Schweinskopf, gekocht und grob faschiert (vom Fleischhauer)**
- **1–2 Zwiebeln, fein gehackt**
- **Knoblauch nach Geschmack**
- **Majoran**
- **Thymian**
- **Salz und Pfeffer aus der Mühle**
- **1 Dünndarm**

Apfelrotkraut
- **ca. 1 kg Rotkraut**
- **2–3 EL Preiselbeermarmelade**
- **250 ml Rotwein**
- **etwas Honig**
- **Salz**
- **Apfelsaft**
- **ca. 400 g Äpfel**
- **Maizena**

Rollgerste weich kochen und noch lauwarm in die faschierte Masse geben, mit den Gewürzen abschmecken. Den Dünndarm auf die Wursttülle einer Küchemaschine streifen und mit der Masse füllen, in 8 Würste unterteilen. Die Würste ca. 5–10 Minuten blanchieren und anschließend knusprig braten.

Das Rotkraut in feine Streifen schneiden, mit Preiselbeermarmelade, Rotwein, Honig, Salz und Apfelsaft weich dünsten. Grob gehobelte Äpfel dazugeben und mit Maizena binden. Gebratene Breinwürste mit dem Apfelrotkraut und Rösterdäpfeln anrichten.

Geschmorte Schweinsbackerln im Mostsaftl mit Apfel-Lauch-Püree

- **12 Schweinsbackerln**
- **Salz**
- **1 kleine Sellerieknolle**
- **2 Karotten**
- **2 Zwiebeln**
- **1 EL Paradeisermark**
- **2 Lorbeerblätter**
- **10–12 Pfefferkörner**
- **Senf**

Püree

- **500 g mehlige Erdäpfel**
- **125 g Milch**
- **50 g Butter**
- **Salz, Muskat**
- **1 Apfel (Golden Delicius)**
- **1/2 Stange Lauch (das Grüne)**
- **etwas Apfelsaft**

Mostsaftl

- **250 ml Schmorsaft von den Schweinsbackerln**
- **1/16 l Most**
- **1/16 l Apfelsaft**
- **50 g Maizena zum Binden**

Garnitur

- **Apfelspalten, Butter**
- **Kerbel, Majoran**

Die Schweinsbackerln salzen, in einem nicht zu großem Topf auf allen Seiten anbraten, geschälte, grob geschnittene Sellerie und Karotten sowie ungeschälte Zwiebeln mitbraten, bis alles eine schön braune Farbe hat. Mit einer Spachtel das Röstgut immer wieder vom Boden losschaben.

Das Paradeisermark beigeben und kurz Farbe nehmen lassen, mit etwas Wasser aufgießen, die restlichen Gewürze beigeben und zugedeckt ca. 1 Stunde schmoren.

Wenn die Schweinsbackerln weich sind, aus dem Topf nehmen. Lorbeerblätter, Pfefferkörner und Zwiebelschale entfernen, falls nötig, noch etwas Wasser zum Schmorgut hinzufügen und dann passieren. Das Fleisch wieder zurück in den fertigen Schmorsaft geben.

Für das Apfel-Lauch-Püree die Erdäpfel schälen, in kleine Stücke schneiden und in leicht gesalzenem Wasser weich kochen. Die Milch aufwärmen, die Butter darin auflösen, würzen und mit den abgetropften und passierten Erdäpfeln vermengen, mit einem Schneebesen glatt rühren.

Den Apfel schälen, entkernen, in feine Streifen schneiden, ebenso die gewaschenen Lauchblätter in Streifen schneiden. Beides in etwas Butter schwenken und kurz mit Apfelsaft abkochen, damit sie die Farbe behalten, dem Püree beimengen.

Das Püree auf der Mitte der Teller anrichten, jeweils 3 der heißen Schweinsbackerln daraufsetzen und mit Sauce (Schmorsaft mit Most und Apfelsaft verkochen und mit Stärke binden) überziehen.

Apfelspalten in etwas Butter erwärmen und auf den Tellern verteilen, eventuell mit Kerbel und Majoran garnieren.

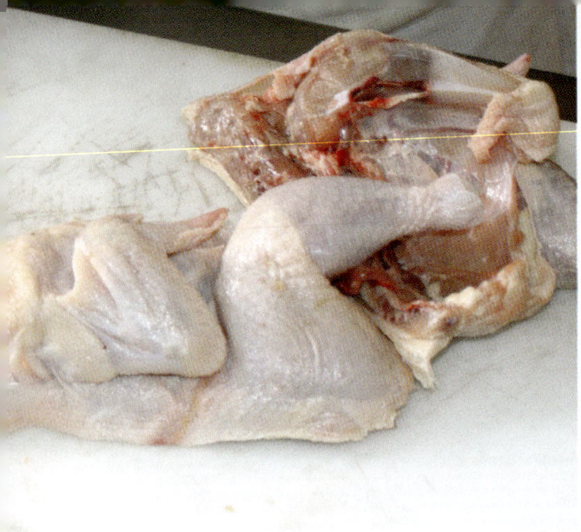

1. Huhn zunächst halbieren ...

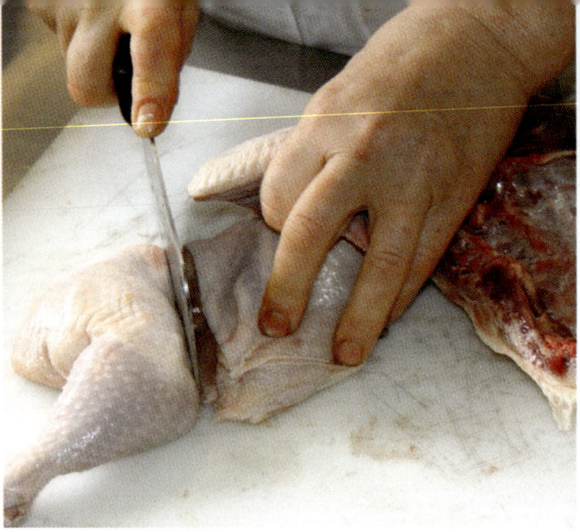

2. ... dann vierteln oder ...

3. ... in acht bis zwölf Teile schneiden.

5. ... in Mehl wenden ...

6. ... danach in verquirltes Ei tauchen und ...

7. ... schließlich in Semmelbrösel panieren.

9. ... in reichlich heißem Butterschmalz backen.

10. Kurz vor dem Garwerden Petersilie hinzugeben.

11. Wenn alles goldbraun ist, abtropfen lassen ...

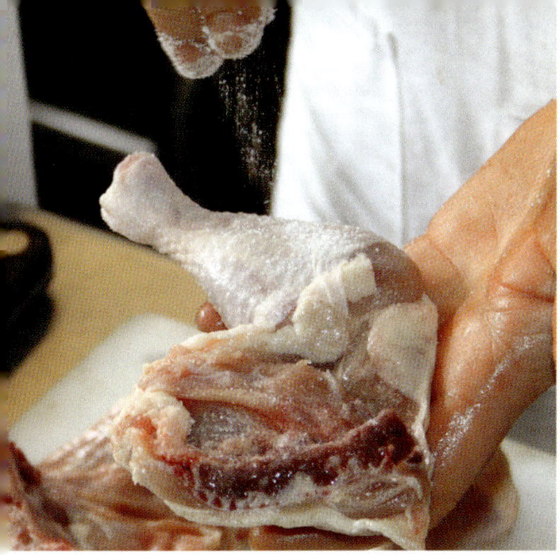

4. Hünerteile salzen ...

3. Wenn alle Teile paniert sind ...

12. ... mit frittierter Petersilie und Zitronen anrichten.

Backhendl

Jeden Montag ist im Wirtshaus Meißl „Backhendl-Tag". Und weil man hier sehr viel Wert auf Tradition legt, kann der Gast selbst entscheiden, ob er sein Backhendl „mit Haut" will (wie es original und traditionell wäre) oder doch die neumodische Variante „ohne Haut" vorzieht.

- **2 junge Hendl (à ca. 1 kg)**
- **Salz**
- **Mehl nach Bedarf**
- **Semmelbrösel nach Bedarf**
- **4–6 Eier**
- **reichlich Butterschmalz zum Backen**
- **Krauspetersilie**

Variante 1 (mit Haut)

Die Hendl zuerst halbieren, dann vierteln oder auch in 8–12 Teile zerteilen. Alle Hendlteile gut salzen, dann in Mehl wenden, durch versprudeltes Ei ziehen und zuletzt in den Semmelbröseln panieren.

In einer Friteuse oder in einem tiefen Topf reichlich Butterschmalz erhitzen (das Fett sollte nicht zu heiß sein, ca. 140–160 °C). Nicht zu viele Hühnerteile auf einmal im heißen Fett goldbraun ausbacken, aufpassen, dass die Panier nicht zu dunkel wird. Zwischenzeitlich immer wieder die Färbung kontrollieren und die Temperatur anpassen.

Fertig gebackene Hühnerteile anrichten und mit kurz ins heiße Fett getauchter Petersilie garnieren. Sofort auftischen und Zitronenspalten dazu reichen.

Variante 2 (ohne Haut)

Die Hendl halbieren oder vierteln, häuten und eventuell auch von allen Knochen befreien. Hendlteile gut salzen, dann in Mehl wenden, durch das versprudelte Ei ziehen und in Semmelbröseln panieren. In heißem Butterschmalz schwimmend ausbacken. Die Krauspetersilie kurz ins heiße Fett tauchen und salzen. Die Hendlteile mit Zitrone und frittierter Petersilie anrichten.

Dazu reicht man Blattsalat (z. B. Grazer Krauthäuptl oder auch Endiviensalat), der mit Mostessig, Steirischem Kürbiskernöl, eventuell etwas Knoblauch, Pfeffer aus der Mühle und Salz mariniert wurde. Man kann die Salatmarinade auch noch mit einer Prise Zucker abschmecken und den angerichteten Salat mit Schnittlauchröllchen bestreuen.

Tipp: Je nach Größe braucht ein Hühnerteil zwischen 12 und 20 Minuten, kleine Stücke brauchen weniger lang, um gar zu werden und können daher bei größerer Hitze gebacken werden.

Steirische Beuschelsuppe

- **1 Schweinsbeuschel (Lunge)**
- **1 Schweinsherz**
- **1 Sellerieknolle**
- **1 Karotte**
- **2 Lorbeerblätter**
- **etwas Thymian**
- **Salz, Pfefferkörner**
- **1 Zwiebel**
- **3 Knoblauchzehen**
- **Öl**
- **1–2 EL Mehl**
- **1–2 EL edelsüßes Paprikapulver**
- **1 l Rindsuppe**
- **1/4 l Rotwein**
- **1 EL Majoran**

Beuschel und Herz waschen, danach mit reichlich kaltem Wasser zustellen.
Sellerie und Karotte schälen, in grobe Stücke schneiden, mit Lorbeerblättern, Thymian, Salz und Pfefferkörnern zum Beuschel geben und langsam ca. 30 Minuten köcheln lassen. Anschließend Herz und Beuschel herausnehmen, abkühlen lassen und von den Röhren befreien, ausgelöstes Beuschel und Herz in feine Streifen schneiden.
Fein gehackte Zwiebel und Knoblauchzehen sowie das geschnittene Beuschel und Herz in heißem Öl goldgelb anrösten und mit Mehl stauben. Paprikapulver dazugeben und mit kalter Rindsuppe ablöschen, mit dem Schneebesen gut glatt rühren, bis sich eine dickflüssige Konsistenz ergibt.
Mit Rotwein, Majoran, Thymian und Pfeffer abschmecken.

Warme Waffel mit Apfeleis und marinierten Apfelstücken

- **60 g Butter**
- **60 g Staubzucker**
- **2 Eier**
- **1/2 TL Backpulver**
- **125 g glattes Mehl**
- **1 TL Rum**
- **1 EL Obers**
- **Apfeleis (Rezept s. S. 156)**

Marinierte Apfelstücke

- **1 Apfel (Golden Delicius)**
- **1 EL brauner Zucker**
- **je 1 Schuss Apfelwein und Apfelschnaps**
- **1 Stk. Sternanis**

Butter und gesiebten Staubzucker mit der Küchenmaschine schaumig rühren, nach und nach die ganzen Eier dazugeben, flaumig rühren, langsam das mit Backpulver versiebte Mehl, Rum und Obers beimengen und rühren, bis eine glatte, weiche, Masse entsteht.
Masse portionsweise in ein Waffeleisen füllen, backen.
Für die marinierten Apfelstücke Apfel schälen, entkernen, in kleine Würfel schneiden.
1 EL braunen Zucker karamellisieren, Apfelstücke dazugeben und mit Apfelwein und Apfelschnaps ablöschen, Sternanis dazugeben und kurz köcheln lassen (Äpfel sollen noch bissfest sein). Auskühlen lassen und mit den Waffeln und dem Apfeleis anrichten.

Seerestaurant

Es ist noch gar nicht so lange her, da war der Stubenbergsee zwar ein beliebtes Urlaubsziel, doch nicht wirklich eine der ersten Adressen für Feinschmecker und Genießer. Das hat sich im März 2010 geändert, denn da eröffneten Eva und René Schneider ihr Seerestaurant und erweckten – zusammen mit Küchenchef Dietmar Bauer – mit viel Feingefühl das Restaurant aus seinem kulinarischen Tiefschaf. Erstaunlich dabei ist, dass sie den schwierigen Spagat zwischen einfacher, bodenständiger Küche und ambitionierter Haubenlokal-Küche meistern, denn Mittags und Abends gibt es zwei unterschiedliche Karten: Mittags gibt es einfache, regionaltypische steirische Gerichte, deren Zusammenstellung speziell auf Familien mit Kindern abgestimmt ist, während die kleine, aber sehr feine Abendkarte zeigt, dass René Schneider und Dietmar Bauer die anspruchsvolle Regionalküche perfekt beherrschen. Kein Wunder, hatten doch beide im Wirtshaus Steirereck am Pogusch einen großen Lehrmeister. Dietmar Bauer war – nach einigen Jahren bei Hans Haas im Münchner Tantris – von November 2005 bis Februar 2010 sogar Küchenchef im Wirtshaus Steirereck am Pogusch.

Dass die beiden ihre kulinarischen Wurzeln und das unternehmerische Feingefühl, wie Gäste bewirtet werden wollen, bei der Familie Reitbauer von der Pike auf erlernt haben, ist kaum zu übersehen und auch bei vielen Kreationen zu erschmecken. Und doch ist das Seerestaurant kein Ableger oder ein Plagiat vom berühmten Steirereck am Pogusch, sondern etwas Neues und Eigenes, denn Küchenchef Dietmar Bauer versteht es sehr wohl, seine steirischen Wurzeln mit Kreativität zu einer modernen Küchenstilistik mit starker persönlicher Note zu kombinieren. Doch bei aller Kreativität bleiben die Schlagworte „saisonal“ und „regional“ die wichtigsten Argumente der Küche am Stubenbergsee, der mit dem neuen Seerestaurant endlich auch ein lohnendes Reiseziel für Genießer ist.

René Schneider,
Patron

Schneider's Seerestaurant
Buchberg 70
8223 Stubenberg am See
Tel.: ++43(0)664/4354356

Blutwurst-Apfel-Törtchen mit Krensauce

- 2 Äpfel
- Zucker nach Geschmack
- 1 Zwiebel
- 2 Knoblauchzehen
- Öl
- 300 g Blutwurst
- 1 Zweig Majoran
- Salz und Pfeffer
- 1 EL Petersilie, gehackt

Sauce

- 1/2 Zwiebel
- 200 g Sellerie
- 50 g Butter
- 250 ml Wasser
- 50 g Kren (auch mehr, wenn gewünscht)
- 50 g Crème fraîche
- Salz und Pfeffer

Äpfel schälen und in kleine Würfel schneiden, mit etwas Zucker und wenig Wasser in einem Topf weich dünsten, dann mixen und passieren.

Zwiebel und Knoblauch in kleine Würfel schneiden, in wenig Öl glasig anschwitzen, die Blutwurst ohne Haut beigeben und mit einer Gabel zerdrücken. Mit Majoran, Salz, Pfeffer und gehackter Petersilie würzen, ca. 10 Minuten rösten lassen.

Für die Sauce Zwiebel und Sellerie schälen und klein schneiden, in Butter ohne Farbe anschwitzen, mit Wasser auffüllen, salzen und pfeffern; weich kochen lassen. Frisch gerissenen Kren und Crème fraîche beigeben, mixen und passieren.

Mit einem Ring (8–10 cm Durchmesser) eine Scheibe Toastbrot ausstechen, darauf die warme Blutwurstmasse drücken, das Apfelpüree daraufstreichen, den Ring abziehen und mit Sauce umranden.

Tipp: Fein geschnittene Äpfel, Rote Rüben und frisch gerissener Kren bilden eine schöne Garnitur.

Weizer Berglamm mit eingemachtem Kohlgemüse, Erdäpfel-Schafkäse-Bällchen und roter Zwiebelmarmelade

- **600 g Lammschlögelteile**
- **Salz und Pfeffer**
- **Öl und Butter zum Braten**
- **1 Rosmarinzweig**

Kohlgemüse
- **1 kleiner Kohlkopf (Wirsing)**
- **1 Zwiebel, klein gewürfelt**
- **1 rote Paprikaschote, klein gewürfelt**
- **1 EL Butter**
- **1 EL Mehl**
- **500 ml Milch**
- **250 ml Obers**
- **Salz und Pfeffer**
- **Muskatnuss, frisch gerieben**
- **1 Prise Kümmelpulver**
- **4 Knoblauchzehen**

Zwiebelmarmelade
- **2 Zwiebeln, klein gewürfelt**
- **500 ml Rotwein**
- **500 ml Portwein**
- **2 EL Honig**
- **50 g Kristallzucker**
- **1 Vanilleschote (das Mark auskratzen)**

Erdäpfel-Schafkäse-Bällchen
- **450 g mehlige Erdäpfel**
- **150 g Schafkäse**
- **Salz**
- **Muskatnuss, gerieben**
- **100 g braune Butter**
- **etwas Weizengrieß**
- **Backteig (aus 100 g Reismehl, 100 ml Wasser und etwas Salz angerührt)**
- **Öl zum Frittieren**
- **4 EL Kerbel, gehackt**

Lammfleisch mit Salz und Pfeffer würzen und in heißem Öl beidseitig scharf anbraten. Butter und Rosmarin dazugeben und im vorgeheizten Backofen bei 100 °C etwa 15–20 Minuten fertig braten.

Für das Kohlgemüse Kohlkopf vom Strunk befreien, in feine Streifen schneiden. Die Zwiebel- und Paprikawürfel in Butter anschwitzen, mit Mehl stauben, mit Milch und Obers aufgießen und mit Salz, Pfeffer, Muskatnuss, Kümmel und gepresstem Knoblauch würzen, anschließend die Wirsingstreifen darin weich kochen.

Für die Zwiebelmarmelade alle Zutaten gemeinsam unter öfterem Umrühren einkochen, bis das Ganze eine marmeladeartige Konsistenz hat, warm halten.

Für die Bällchen die Erdäpfel zunächst kochen, dann schälen und zerdrücken. Schafkäse klein würfeln und mit den Erdäpfeln vermischen, alles mit Salz, Muskatnuss und brauner Butter abschmecken und anschließend aus der Masse kleine Bällchen formen. Diese Bällchen in Weizengrieß wälzen, durch den vorbereiteten Backteig ziehen und unmittelbar vor dem Servieren in 160 °C heißem Öl knusprig goldbraun frittieren, dann sofort in gehacktem Kerbel wälzen.

Kohlgemüse in der Mitte eines großen Tellers anrichten, das Fleisch portionieren, darauf betten und alles mit der Zwiebelmarmelade umkränzen. Erdäpfelbällchen als Garnitur anlegen und servieren.

Hinweis: Im Seerestaurant serviert man dieses köstliche Gericht mit Lammsauce und manchmal auch noch mit gut gewürztem Lammfaschierten, das, dekorativ auf einen Knochen aufgestrichen, gegart wird.

Walnuss-Schmarren gebacken mit Creme Royal

Schmarren
- **6 Eidotter**
- **90 g Zucker**
- **abgeriebene Zitronenschale (unbehandelt)**
- **abgeriebene Orangenschale (unbehandelt)**
- **1 Prise Salz**
- **200 g Mascarino**
- **2 EL Nusslikör**
- **6 Eiklar**
- **90 g Zucker**
- **60 g Stärke (Maizena)**
- **120 g Walnüsse (gerieben)**
- **60 g Mehl**
- **1/2 EL Backpulver**

Creme Royal
- **300 ml Milch**
- **50 ml Eierlikör**
- **4 Eier**
- **20 ml Nusslikör**
- **1 EL Vanillezucker**
- **abgeriebene Orangenschale (unbehandelt)**
- **1 Msp. Zimtpulver**
- **Butter für die Backform**

Garnitur
- **halbierte und entkernte Weintrauben**
- **karamellisierte Apfelspalten**
- **Bratapfel-Eis**
- **Staubzucker**

Für den Schmarrenteig die Eidotter mit Zucker, Zitronen- und Orangenschale sowie Salz schaumig schlagen. Danach den Mascarino und den Nusslikör einrühren.

Dann in einer separaten Schüssel die Eiklar mit Zucker und Stärke aufschlagen. Walnüsse, Mehl und Backpulver miteinander vermengen und anschließend unter die Dottermasse mischen, zum Schluss den Eischnee locker unterheben.

Die Masse auf ein tiefes befettetes Backbleck streichen (ca. 2 cm dick) und bei 180 °C etwa 30 Minuten zugedeckt backen, dann zugedeckt auskühlen lassen und anschließend mit einem Löffel in gleich große Stücke zerteilen.

Alle Zutaten für die Creme Royal miteinander vermischen, die Schmarren-Stücke darin tränken und danach in eine gebutterte Backform geben und bei 200 °C im vorgeheizten Backrohr ca. 10 Minuten backen.

Den gebackenen Walnuss-Schmarren mit Weintrauben, Apfelspalten und Bratapfel-Eis auf einem Teller anrichten und mit Staubzucker bestreut auftischen.

Allmer
LANDGASTHOF
RIEGERBAUER

Riegerbauer

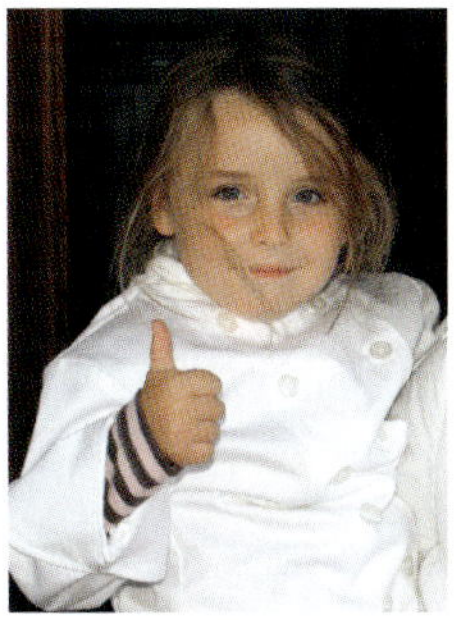

Der Landgasthof Riegerbauer liegt ganz in der Nähe von Schloss Herberstein, ist ein ideales Refugium für Romantiker und lädt vor allem zur „Zweisamkeit" ein. 1652 wurde das urige Bauwerk als Backstube für das Schloss Herberstein erbaut, doch beherbergen die altehrwürdigen Gemäuer heute einen äußerst individuellen Landgasthof, der aber den Geist der alten Zeit und der Ahnen zu bewahren versteht. So wurde beispielweise (trotz vieler Renovierungsarbeiten) die alte Bausubstanz fast gänzlich erhalten.
Doch das Schönste hier ist die herzliche und familiäre Gastfreundschaft der Familie Allmer, die den Gasthof nunmehr bereits seit fast 30 Jahren führt.

Ein besonderes Zuckerl sind die urigen Räumlichkeiten der alten Gaststube, in der man die Köstlichkeiten aus der Küche von Felix Allmer genießen kann. Egal ob frisches Bio-Weidelamm, Wild aus heimischer Jagd, selbst gesammelte Wildkräuter, oststeirische Äpfel oder Gemüse aus dem eigenen Garten – Felix Allmer achtet penibel auf die Herkunft der Speisen und kauft bevorzugt bei Direktvermarktern und Bauernmärkten in der Region ein. Ein Highlight ist der September, wenn die Apfel- und Hollerernte stattfindet, denn dann kocht Felix Allmer für seine Gäste so wunderbare Schmankerln wie „Welsfilet mit Hollunderchutney" oder das mittlerweile weit über die Region hinaus bekannte „Apfellandschnitzel".

Felix Allmer,
Küchenchef

Landgasthof Riegerbauer
8222 St. Johann
bei Herberstein
Tel.: ++43(0)3113/2301
landgasthof@riegerbauer.at

Nussiger Kürbis und fruchtiger Apfel mit Flusskrebsen

- **12 Flusskrebse**
- **20 g Butter**
- **500 g Kürbisfleisch (vorzugsweise Butternuss)**
- **30 g frisches Basilikum**
- **250 g Äpfel (z. B. Kronprinz Rudolf)**
- **150 g Zwiebeln**
- **50 ml Apfelmost**
- **500 ml Gemüsesuppe**
- **Salz und Pfeffer**
- **Olivenöl**
- **Obers zum Garnieren**
- **Kräuter zum Garnieren**

8 Flusskrebse auslösen, Schale und Köpfe in der Butter anrösten, mit etwas Wasser aufgießen und dieses verdampfen lassen, so dass nur die Krebsbutter übrigbleibt, diese durch ein Sieb ziehen.
Kürbisfleisch, entkernte und geschälte Äpfel sowie Zwiebeln in kleine Würfel schneiden. Die Zwiebelwürfel in der Krebsbutter glasig anschwitzen, die Kürbiswürfel dazugeben, 2–3 Minuten mitrösten, ohne dass sie Farbe nehmen. Mit Most ablöschen und mit Suppe aufgießen, ca. 20 Minuten köcheln lassen, dann die Apfelwürfel dazugeben und weitere 10 Minuten kochen. Mit dem Stabmixer fein pürieren und durch ein Spitzsieb in einen anderen Kochtopf drücken, mit Salz und Pfeffer abschmecken.
Die ausgelösten Flusskrebsschwänze und die verbleibenden ganzen Krebse in etwas Olivenöl bei geringer Hitze anbraten. Die Krebsschwänze in Suppentellern anrichten und mit Suppe aufgießen. Mit etwas nicht ganz steif geschlagenem Obers und den Kräutern dekorieren und jeweils einen ganzen Flusskrebs an den Tellerrand hängen.

Sämiges Buchweizenrisotto mit Steinpilzen und Asmonte

- **400 g Buchweizen**
- **100 g Zwiebeln**
- **100 g Steinpilze**
- **100 g Butter**
- **50 ml Apfelmost**
- **500 ml Gemüsesuppe**
- **80 g Asmonte (österreichischer Hartkäse)**
- **Salz und Pfeffer**
- **1 Knoblauchzehe**
- **etwas Olivenöl**
- **Kräuter zum Garnieren**

Den Buchweizen in reichlich Wasser für mindestens 2 Stunden einweichen. Jeweils die Hälfte der fein geschnittenen Zwiebeln und der geputzten und würfelig geschnittenen Steinpilze in 50 g Butter glasig anschwitzen.

Den abgeseihten und gut gespülten (um ihn vom Kleister zu befreien) Buchweizen abtropfen lassen, zu den Steinpilzen geben und kurz mitrösten, danach mit Most und Suppe aufgießen und bei schwacher Hitze einkochen lassen. Sollte der Buchweizen danach noch sehr körnig sein, nochmals etwas Gemüsesuppe angießen und weitergaren lassen, bis er einen noch leichten Biss hat.
Danach den Topf vom Herd nehmen und 1 Minute überkühlen lassen, die restliche Butter einrühren und zum Schluss mit geriebenem Asmonte binden sowie mit Salz und Pfeffer würzen.
Die restlichen Pilze mit den restlichen Zwiebeln und dem gehackten Knoblauch in etwas Olivenöl hellbraun anrösten und würzen.
Buchweizenrisotto auf Tellern anrichten und die gebratenen Pilze darüber verteilen – mit frisch gehackten Kräutern oder essbaren Blüten garnieren.

Filet vom Rehrücken mit Apfelrotkraut und Rahmpolenta

- 4 Rehrückenfilets à 140 g
- Olivenöl
- Salz und Pfeffer aus der Mühle
- 50 g Zwiebel, fein gehackt
- 50 g Speckwürfel
- 50 g Butter
- 1 Schuss Madeira
- 200 ml Wildjus

Rotkraut

- 1/2 Kopf Rotkraut
- 2 Äpfel
- 1 Zwiebel, in Streifen geschnitten
- 50 ml Olivenöl
- 250 ml Apfelsaft
- 250 ml Apfelmost
- 250 ml Rotwein
- 1 Speckschwarte
- Salz und Pfeffer
- etwas Zucker
- Apfelessig

Rahmpolenta

- 1 Zwiebel
- 40 g Butter
- 120 g Polentagrieß
- 200 ml Gemüsesuppe
- 200 ml Milch
- Salz
- Muskatnuss, gerieben
- ca. 1 EL gehackter Liebstöckel
- 125 ml Obers
- 50 g Asmonte (österreichischer Hartkäse)

Für das Kraut Rotkraut hobeln, Äpfel schälen, entkernen und würfelig schneiden. Zwiebel im Olivenöl glasig an schwitzen, Rotkraut und Apfelwürfel dazugeben und mit Apfelsaft, Apfelmost und Rotwein aufgießen. Die Speckschwarte dazugeben und alles bei kleiner Hitze zugedeckt ca. 1 Stunde köcheln lassen, sodass zum Schluss die Flüssigkeit fast zur Gänze verdampft ist. Dabei öfters umrühren, damit das Kraut nicht anbrennt. Die Speckschwarte entfernen und mit Salz, Pfeffer, Zucker und Apfelessig süß-sauer abschmecken. Das Kraut soll beim Anrichten noch einen leichten Biss haben.

Die schön zugeputzten Filets in Olivenöl anbraten und würzen. Danach 15 Minuten bei 120 °C im vorgeheizten Backrohr garen. Fleisch herausnehmen und bei 60 °C noch etwa 6 Minuten ziehen lassen.

Fein gehackte Zwiebel und Speckwürfel in etwas Butter anschwitzen. Mit Madeira ablöschen und mit dem Wildjus aufgießen, ca. auf die Hälfte einreduzieren und zum Schluss mit der restlichen Butter montieren.

Für die Polenta die Zwiebel in kleine Würfel schneiden und in Butter anschwitzen, Polentagrieß beigeben und mit ca. 2/3 der Flüssigkeit (Gemüsesuppe und Milch zusammen) aufgießen. Unter ständigem Rühren auf kleiner Flamme einige Minuten köcheln lassen, dann mit Salz und Muskatnuss würzen. Wenn die Polenta zu fest wird, etwas Gemüsefond bzw. Milch nachgeben (soll eine dickbreiige Konsistenz haben). Zuletzt gehackten Liebstöckl, das steif geschlagene Obers und den geriebenen Asmonte untermischen.

Alle Komponenten dekorativ auf vorgewärmten Tellern anrichten und sofort servieren.

CAFE RESTAURANT

Simbawelt

Inmitten eines Zoos – oder besser gesagt Tierparks – ein gutes Lokal zu finden, ist generell gesehen ein schweres, meist sogar unmögliches Unterfangen. Doch hier, im Tierpark Herberstein, nicht. Denn das Café Restaurant Simbawelt verwöhnt seine Gäste mit kulinarischen Köstlichkeiten aus der Region und bietet dem Gast zudem ein einzigartiges Ambiente, das nicht durch sein (bewusst) sehr schlicht gehaltenes Interieur beeindruckt, sondern einen einzigartigen Rundumblick in die Gärten, die Tierwelt und die Feistritzklamm bietet – hier wird also die Umgebung zum eigentlichen Ambiente!

Inmitten des historischen Gartens wurde die „Simbawelt" im Jahre 2009 eröffnet, die Geschicke am Herd leitet Thomas Schwarzl, ein gleichermaßen ambitionierter wie kreativer Küchenchef. Sein kulinarisches Angebot steht ganz im Zeichen der einfachen, regionalen, jedoch aus hochwertigen Ingredienzien zubereiteten Küche, die mit dem „gewissen Etwas" kreativ verfeinert werden.

Thomas Schwarzl,
Küchenchef

Restaurant Simbawelt
Buchberg 50
8223 Stubenberg am See
Tel.: ++43(0)3176/80777

Mit Kronprinz Rudolf glasierte Kalbsleberschnitte auf Apfelbrioche mit karamellisiertem Golden Delicious

- 4 Kalbsleberschnitten à 90 g (ohne Haut)
- Salz
- 1 TL Wacholderbeeren, grob gehackt
- rosa Pfeffer, grob gehackt
- schwarzer Pfeffer, grob gehackt
- 3 EL Butterschmalz

Apfelbrioche

Dampfl
- 100 g glattes Weizenmehl (Type 400)
- 75 ml lauwarme Milch
- 40 g Kristallzucker
- 42 g frische Germ

Hauptteig
- 400 g glattes Weizenmehl (Type 400)
- 4 Eidotter
- 1 Ei
- 100 ml Milch
- 160 g weiche Butter
- 2 Äpfel, geschält und in große Würfel geschnitten
- Mehl für die Arbeitsfläche
- 1 Eidotter und 1–2 EL Milch zum Bestreichen

Karamellisierte Äpfel
- 4 Golden Delicious
- 100 g Kristallzucker
- 6 cl Apfelschnaps

Kronprinz-Rudolf-Glasur
- 200 g Apfelmus (von Kronprinz-Rudolf-Äpfeln)
- 100 ml Apfelmost
- 100 ml Rindsbratensauce

Für den Brioche zunächst das Dampfl bereiten: Mehl in eine Schüssel geben, Milch, Kristallzucker, Germ beimengen und 20 Minuten gehen lassen.

Für den Hauptteig Mehl, Eidotter, Ei, Milch, weiche Butter in Rührschüssel geben und gut durchkneten. Das vorbereitete Dampfl dazugeben, nochmals kneten, Apfelwürfel untermengen, danach 20 Minuten gehen lassen. Eine Brotkastenform mit Butter bestreichen, den Teig hineingeben und bei 160 °C 40 Minuten backen.

Für die karamellisierten Äpfel die Äpfel schälen, entkernen und in Spalten schneiden. Zucker in die Pfanne geben, auf 160 °C erhitzen, mit Apfelschnaps ablöschen und die Apfelspalten dazugeben.

Leber mit Salz und Pfeffer-Wacholder-Gemisch würzen, in heißem Butterschmalz 2–3 Minuten auf jeder Seite anbraten, Leber aus der Pfanne nehmen.

Dann für die Glasur Apfelmus, Apfelmost und Rindsbratensaft in derselben Pfanne erwärmen.

Leberschnitten auf je einer Brioche-Scheibe anrichten, mit glasierten Äpfeln umkränzen und mit Glasur überzogen auftischen.

Schmetterlingsforelle überbacken mit Äpfel-, Zitronen- und Erdäpfelscheiben und gerösteten Eierschwammerln

- **4 von unten entgrätete Forellen (je 200–250 g)**
- **Salz und schwarzer Pfeffer**
- **4 Zweige Zitronenthymian**
- **100 g griffiges Mehl**
- **100 g Butterschmalz zum Braten**
- **4 große, Erdäpfel, gekocht**
- **4 große Äpfel, geschält und entkernt**
- **4 Zitronen (unbehandelt)**
- **40 g Butter**

Eierschwammerln

- **300 g Eierschwammerln**
- **40 g Butterschmalz zum Anbraten**
- **Salz und Pfeffer**
- **4 TL Petersilie, gehackt**

Forellen mit Salz, Pfeffer und Thymian würzen, in Mehl wenden, in einer Pfanne mit heißem Butterschmalz 5–6 Minuten auf jeder Seite anbraten. Erdäpfel, Äpfel und Zitronen in Scheiben schneiden.
Forellen aus der Pfanne herausnehmen, auf ein Backblech geben und mit Äpfel-, Erdäpfel- und halbierten Zitronenscheiben belegen, mit Butter übergießen uind 7 Minuten bei Oberhitze im Backrohr überbacken.
Geputzte und halbierte Eierschwammerln in heißem Butterschmalz anrösten, mit Salz, Pfeffer und Petersilie würzen.
Forelle mit den Pilzen anrichten und sofort servieren.

Golden Delicious Bratapfel mit Apfelmostschaum

- **4 große Äpfel (Golden Delicious)**
- **40 g Walnüsse zum Dekorieren**

Fülle

- **200 g Kochschokolade**
- **50 g Butter**
- **100 g Walnüsse, gehackt**
- **1 Prise Zimt**

Mostschaum

- **6 Eidotter**
- **150 g Zucker**
- **5 dl Apfelmost**
- **1 Prise Lebkuchengewürz**

Äpfel mit dem Ausstecher entkernen und bei 180 °C 20 Minuten im Backrohr backen.
Schokolade über Wasserdampf schmelzen, Butter, Walnüsse und Zimt dazugeben. Die Äpfel damit füllen.
Für die Sauce Eidotter, Zucker, Apfelmost und Lebkuchengewürz in einer Schlagschüssel über Wasserdampf schaumig aufschlagen.
Sauce auf Tellern verteilen, je einen Bratapfel darauf anrichten und sofort servieren.

Angerer Hof

Der ursprüngliche Angerer Hof (benannt nach dem Ort „Anger“) wurde um das Jahr 1912 von Johann und Juliane Kohlhofer als Bahnhofsrestauration erbaut, die an der Strecke der damaligen Schmalspureisenbahn zwischen Weiz und Ratten lag. Auch der zum Haus gehörende Kohlhoferteich wurde zu dieser Zeit händisch(!) ausgehoben; der Teich diente aber nicht nur als Fischteich, sondern vor allem zur Unterhaltung. Man konnte dort im Sommer Boot fahren, im Winter Eisstock schießen und Schlittschuh laufen. Außerdem schnitt man das Eis im Winter in Blöcke, welche im so genannten Eiskeller bis in den Sommer Lebensmittel und Getränke kühlten. Nach vielen wechselvollen Jahren wurde der Gasthof in der Nachkriegszeit von den russischen Besatzern schwer beschädigt, was zum Anlass genommen wurde Um- und Neubauten durchzuführen. So wurde der Gasthof seit 1955 ständig ausgebaut und den Erfordernisse der Zeit angepasst, bis er sein heutiges Bild (und die stattlichen Ausmaße) erhielt.

Gertrude Ronny und Derler leiten heute die Geschicke des Hauses, wobei die Speisekarte und die Küche Gertrudes Part sind. Sie erweiterte die ursprünglich rein regional und bodenständig gehaltene Speisekarte auch um „moderne“ Speisen, doch nach wie vor zeigt sich bei den Gästen eine besondere Vorliebe für die Klassiker wie „Spannipfandl“, „Backhendl“ und „Schweinsbraten mit Erdäpfelwurst und Sauerkraut“, ebenso beliebt sind die „Knödelwochen“.

Gertrude und Ronny Derler, Angerer Hof

Gasthof Angerer Hof
8184 Anger
Tel.: ++43(0)3175/2279
office@angerer-hof.at

Schweinsfilet mit Calvados

- **800 g Schweinsfilet im Ganzen**
- **Salz und Pfeffer aus der Mühle**
- **Kümmel, gemahlen**
- **100 g Sellerie**
- **100 g Karotten**
- **100 g Petersilienwurzel**
- **2 säuerliche Äpfel**
- **Zitronensaft**
- **75 ml Olivenöl**
- **4–6 cl Apfelschnaps**
- **125 ml Bratensaft oder Rindsuppe**
- **1 TL Speisestärke**
- **Petersilie, gehackt**

Fleisch in dicke Scheiben schneiden, leicht klopfen und mit Salz, Pfeffer und Kümmel würzen. Das Wurzelwerk waschen, schälen und in gröbere Streifen schneiden. Die Äpfel waschen, schälen, klein würfeln und mit Zitronensaft beträufeln.
Öl in einer Pfanne erhitzen, das Fleisch einlegen und bei guter Hitze beidseitig rasch bräunen, aus der Pfanne nehmen und warm stellen.
Im Bratenrückstand das Gemüse hell anrösten, mit Apfelschnaps flambieren und sofort mit Bratensaft ablöschen, Apfelwürfel und Fleisch einlegen, alles zusammen auf kleiner Flamme weich dünsten.
Zum Schluss Speisestärke mit etwas kaltem Wasser anrühren, die Sauce damit binden.
Alles auf vorgewärmten Tellern anrichten.

Hinweis: Im Angerer-Hof reicht man dazu knusprig gebratene Polentascheiben.

Apfelmost-Schaumsuppe mit Knoblauchcroutons

- **150 g Karotten**
- **125 g Sellerie**
- **100 g Petersilienwurzel**
- **1 Stange Lauch**
- **1 Erdapfel**
- **1 Zwiebel**
- **1 Knoblauchzehe**
- **4 EL Butter**
- **1 EL Mehl**
- **1,5 l Rindsuppe**
- **125 ml Obers**
- **2 EL Sauerrahm**
- **250 ml Apfelmost**
- **Salz und Pfeffer**

Croutons

- **2 altbackene Semmeln**
- **2 EL Butter**
- **1–2 Knoblauchzehen**

Wurzelwerk putzen und blättrig schneiden, Erdapfel schälen und würfeln, Zwiebel und Knoblauch schälen und fein hacken. Zwiebel und Knoblauch in Butter anschwitzen, das Wurzelwerk dazugeben und anrösten, dann mit Mehl stauben und weiterrösten, bis das Mehl eine hellbraune Farbe angenommen hat. Mit Rindsuppe aufgießen, Erdäpfelwürfel dazugeben und so lange kochen lassen, bis sämtliches Gemüse weich ist.

Die Suppe mit einem Pürierstab aufmixen, Obers und Sauerrahm verrühren und die Suppe damit verfeinern. Schließlich den Most dazugeben, salzen und pfeffern – nach Belieben mit einer Prise Zimt abschmecken.

Für die Croutons die Semmeln würfeln, Butter mit gepresstem Knoblauch aufschäumen lassen, die Semmelwürfel darin goldgelb rösten, die Suppe mit den Croutons auftischen.

Gebackene Apfelspalten mit Fruchtsauce

- **4 große, säuerliche Äpfel**
- **Saft einer halben Zitrone**
- **2 cl Rum, 1 Prise Zimt**

Teig
- **100 g glattes Mehl**
- **2 Eidotter, 1 Ei**
- **trockener Weißwein nach Bedarf**
- **Öl oder Butterschmalz zum Backen**
- **Staubzucker und Zimt zum Bestreuen**

Sauce
- **250 g Erdbeeren (frisch oder TK-Ware)**
- **125 g Staubzucker**
- **2 cl Cointreau, Zitronensaft**

Zuerst aus Mehl, Eidottern und Ei einen sehr dicken Teig herstellen, dann unter Rühren so viel Wein einarbeiten, bis der Teig zähflüssig ist, den Teig rasten lassen.

Für die Sauce die Erdbeeren mit dem Staubzucker einmal aufkochen lassen und anschließend durch ein feines Sieb streichen, mit Cointreau und Zitronensaft abschmecken und warm stellen.

Die Äpfel schälen, achteln und das Kerngehäuse entfernen, die Apfelspalten in einer Schüssel mit Zitronensaft, Rum und Zimt vermischen.

Den vorbereiteten Teig nochmals kräftig durchschlagen, dann die Apfelspalten darin eintauchen und anschließend in heißem Fett schwimmend rundherum goldbraun ausbacken. Gut abtropfen lassen und mit Zimt und Zucker bestreut anrichten, mit Erdbeersauce servieren.

Posthotel Thallerhof

Das Stammhaus, in dem sich das Posthotel Thaller befindet, dürfte bereits im 15. Jahrhundert erbaut worden sein. Seit 1875 befindet sich das Gebäude durch eine Heirat – wie könnte das in Österreich auch anders sein? – in Besitz der Familie Thaller, welche die ehemalige k.-u.-k.-Poststation modernisierte und stetig ausbaute. Eine der fortschrittlichsten Anschaffungen war der erste amerikanische Eiskasten, der schon 1878 im Hof des Hauses aufgestellt wurde. Nach Einstellung des Postkutschenbetriebes konzentrierte man sich auf die Hotellerie und erweiterte 1919 von vier auf 50 Zimmer. 1923 erfolgte dann die Gründung der hauseigenen Bäckerei und Konditorei. In den folgenden Jahrzehnten wurde immer wieder erweitert und modernisiert, 2007 kam dann der schöne Apfel-Spa-Bereich dazu, und 2009 wurde der ehemalige „Postgasthof" in „Posthotel" umbenannt.

Immer schon herrschte hier ein reges Treiben, Kommen und Gehen. Doch geblieben ist die Liebe zur guten Küche, vor allem zur regionalen Hausmannskost. Und so kommt der Gast hier in den Genuss einer – den modernen Zeiten angepassten – österreichischen Küche, fast so wie zu Kaisers Zeiten. Alois Thaller jun. hat viel internationale Erfahrung sammeln können, bevor er hier Küchenchef wurde und beschloss, sich seiner Heimat kulinarisch zu verschreiben und hauptsächlich regionale und kontrollierte Produkte in seiner Küche zu verarbeiten. Denn das kulinarische Motto des Posthotels lautet: „Wir kochen aus Leidenschaft und verwöhnen mit Freude!"

Alois Thaller jun., Küchenchef

Posthotel Thaller –
Genusshotel im Apfelland
Hauptplatz 3
8184 Anger
Tel.: ++43(0)3175/2206
info@posthotel-thaller.at

Apfel-Kren-Suppe mit Blunz'n

- 2 Äpfel
- 2 Schalotten
- 50 g Butter
- 2 Knoblauchzehen
- 1 Thymianzweig
- 20 g glattes Mehl
- 750 ml Gemüsesuppe
- 250 ml Obers
- 30 g Kren
- Muskatnuss, frisch gerieben
- Salz und Pfeffer
- 4 dicke Scheiben Blunz'n
- etwas braune Butter
- Thymianzweige und Kräuter nach Belieben
- pochierte Apfelspalten

Äpfel schälen und entkernen, danach würfeln, Schalotten feinst hacken. Butter in einer Kasserolle erhitzen, Schalotten und Apfelwürfel darin glasig anschwitzen. Gehackten Knoblauch und Thymianblätter dazugeben, alles mit Mehl stauben, dieses kurz anrösten, danach mit Gemüsesuppe aufgießen und 10 Minuten kochen lassen.

Obers und frisch gerissenen Kren zur Suppe geben, erneut aufkochen lassen, danach die Suppe passieren und mit Muskatnuss, Salz und Pfeffer abschmecken.

Die Blunz'nscheiben in etwas brauner Butter oder Butterschmalz beidseitig knusprig bräunen und mit frischem Thymian würzen.

Die Suppe mit den Blunz'nscheiben anrichten und mit Thymianzweig, pochierten Apfelspalten und Kräutern nach Belieben garnieren.

Geschmorte Lammschulter mit zerdrückten Erdäpfeln und geschmorten Schwarzwurzeln

- **1 Lammschulter**
- **Salz und Pfeffer**
- **200 g Butter**
- **2 Knollen Knoblauch**
- **3 Zwiebeln**
- **etwas Paradeisermark**
- **einige Thymianzweige**
- **1 Rosmarinzweig**
- **1 l trockener Weißwein**

Erdäpfel

- **500 g speckige Erdäpfel**
- **50 g Butter**
- **50 ml Olivenöl extra vergine**
- **Thymianblätter, frisch gerebelt**
- **Rosmarinnadeln, gehackt**
- **1–2 EL Kerbel, gehackt**
- **Muskatnuss, gerieben**
- **Salz und Pfeffer aus der Mühle**

Schwarzwurzeln

- **5 große Schwarzwurzeln**
- **Saft von 1 Zitrone**
- **2 Schalotten**
- **etwas Butter und Olivenöl**
- **2 Knoblauchzehen**
- **2 Äpfel**
- **Thymianblätter, frisch gerebelt**
- **Muskatnuss, gerieben**
- **Salz und Pfeffer**

Die Lammschulter grob zuputzen und kräftig mit Salz und Pfeffer würzen. Anschließend die Lammschulter auf ein Backblech (oder in eine ausreichend große Bratform) legen und mit dicken Butterflocken sowie ungeschälten Knoblauchzehen belegen. 2 Stunden bei 110 °C im Backrohr garen, danach die grob geschnittenen Zwiebeln hinzufügen und eine weitere Stunde bei 120 °C garen.
Schließlich Paradeisermark in den Bratenfond rühren, Kräuter hinzufügen, mit Weißwein aufgießen und so lange weiterschmoren, bis sich das Fleisch vom Knochen löst. Bratensaft abseihen, passieren, einkochen, eventuell mit Stärke binden und abschmecken.
Die Erdäpfel mit der Schale kochen, dann schälen und in einem Topf mit Butter und Olivenöl zerdrücken. Mit Thymian, Rosmarin, Kerbel, Muskatnuss, Salz und Pfeffer aus der Mühle würzen.
Die Schwarzwurzeln schälen, halbieren und in Zitronenwasser einlegen. Gehackte Schalotten in Butter und Olivenöl anschwitzen, Schwarzwurzeln und gehackten Knoblauch dazugeben, dann zugedeckt bei mäßiger Hitze dünsten. Äpfel schälen, vom Kerngehäuse befreien und in Spalten schneiden, Apfelspalten und Thymian zu den Schwarzwurzeln hinzufügen und alles zusammen garen, bis die Äpfel und Schwarzwurzeln weich sind. Mit Muskatnuss, Salz und Pfeffer abschmecken, eventuell mit frisch gehackten Kräutern verfeinern.
Das fertig gegarte Lammfleisch in dickere Scheiben schneiden, mit dem Bratensaft, den Erdäpfeln und dem Gemüse gefällig auf Tellern (oder alles zusammen auf einer großen Platte) anrichten und auftischen (Foto siehe auch Seite 54–55).

Bratapfeltorte

Mürbteig
- **240 g Mehl**
- **180 g Staubzucker**
- **1/2 P. Backpulver**
- **150 g Butter**
- **1 Ei**
- **abgeriebene Zitronenschale (unbehandelt)**

Apfelbelag
- **4 Äpfel**
- **500 ml naturtrüber Apfelsaft**
- **180 g Zucker**
- **2 P. Vanillepuddingpulver**

Mohnboden
- **70 g Butter**
- **3 Eidotter**
- **100 g Zucker**
- **1 P. Vanillezucker**
- **Saft und abgeriebene Schale einer unbehandelten Zitrone**
- **Zimt**
- **70 g Mohn, gerieben**
- **70 g Haselnüsse, gerieben**
- **3 Eiklar**

Oberscreme
- **2 Blatt Gelatine**
- **400 g Obers**
- **30 g Zucker**
- **2 EL Bratapfellikör**
- **Zimt und Apfelspalten zum Garnieren**

Aus den angegebenen Teigzutaten rasch einen Mürbteig kneten, diesen in Folie gewickelt 30 Minuten im Kühlschrank rasten lassen. Dann den Teig ausrollen und in eine gefettete Springform (26 cm Durchmesser) legen, den Rand etwa 2 cm hoch ziehen.
Äpfel schälen, entkernen, in dünne Spalten schneiden und kreisförmig auf dem Mürbteigboden auflegen. Die Hälfte des Apfelsafts zusammen mit dem Zucker aufkochen, den restlichen Apfelsaft mit dem Vanillepuddingpulver verrühren, zum heißen Apfelsaft geben, einen Pudding kochen und – wenn dieser abgekühlt (aber noch nicht fest ist) – auf die Äpfelschicht streichen. Springform im Backrohr bei 160 °C 1 Stunde backen, danach auskühlen lassen.
Für den Mohnboden einen Abtrieb aus Butter, Eidotter, Zucker, Vanillezucker, Zitrone und Zimt herstellen, dann Mohn und Haselnüsse einarbeiten und schließlich die steif geschlagenen Eiklar in drei Etappen vorsichtig unterheben. Alles in eine gefettete Springform (26 cm Durchmesser) füllen und bei 170 °C rund 20 Minuten backen, danach auskühlen lassen.
Für die Oberscreme Gelatine einweichen, ausdrücken und in wenig heißem Wasser auflösen.
Obers mit Zucker steif schlagen, Bratapfellikör und die aufgelöste Gelatine einarbeiten.
1/3 der Oberscreme auf den ausgekühlten Mürbteigboden mit Apfelbelag streichen, den ausgekühlten Mohnboden darauflegen und die restliche Oberscreme ca. 1 cm dick aufstreichen.
Die Torte kühl stellen, vor dem Servieren mit Zimt bestreuen und mit Apfelspalten verzieren.

Gösser
Gold
VOM FASS
FEISTRITZERHOF

METAXA

Feistritzerhof

Seit 1981 ist der Feistritzerhof im Besitz der Familie De Buigne und erfreut sich seitdem größter Beliebtheit bei den Gästen. Bekannt ist der Feistritzerhof für seine Erdäpfelwurst und seine hervorragenden Steaks, von denen sogar gemunkelt wird, sie seien „die besten weit und breit". Besonderes Augenmerk wird auf die frische Zubereitung der Speisen gelegt, auf die Herkunft der Zutaten (so kommt beispielsweise ein Großteil des Gemüses aus dem eigenen Garten) sowie auf die Regionalität und Saisonalität der aufgetischten Gerichte, die übrigens im schattigen Garten noch einmal so gut munden. Um den Gästen ein möglichst abwechslungsreiches Angebot machen zu können, werden zuweilen auch beliebte internationale Gerichte serviert.

Die Küche – unter der Leitung von Elisabeth De Buigne – ist unprätentiös und klassisch „gutbürgerlich", ganz so, wie man es sich in einem ambitionierten Gasthaus am Lande wünscht. Daher sind – neben den bereits angesprochenen Steaks – hier vor allem die saftigen Braten (natürlich vom Almochsen aus dem nahegelegenen Almenland) zu empfehlen. Und nach dem Mahl sollte man sich einen der ausgezeichneten Schnäpse von Schloffer gönnen, denn dessen Edelbrennerei ist gleich um die Ecke (s. S. 41). Ein echter Gasthof, wie es früher einmal viele gegeben hat!

Alexander und Elisabeth De Buigne, Wirtepaar

Feistritzerhof
Oberfeistritz 46
8184 Anger
Tel.: ++43/(0)3175/2323

Schafkäseterrine

- **300 g Schafkäse**
- **250 ml Obers**
- **2–3 Blatt Gelatine**
- **Salz und Pfeffer**

Den Schafkäse fein passieren und mit dem aufgeschlagenen Obers vermischen. Die in kaltem Wasser eingeweichte Gelatine ausdrücken, in wenig warmem Wasser (oder warmer Milch) auflösen und unter die Schafkäse-Masse rühren, alles mit Salz und Pfeffer abschmecken.

Masse in eine mit Frischhaltefolie ausgekleidete Form füllen und mindestens 4 Stunden kühlen. Danach Terrine aufschneiden und nach Belieben garniert auftischen.

Kürbiscremesuppe im Brotlaib

- 500 g Kürbis
- 100 g Schalotten
- Butter
- 300 ml Rind- oder Gemüsesuppe
- 100 ml Obers
- etwas Ingwer, frisch gerieben
- Muskatnuss, gerieben
- Salz und Pfeffer
- 4 kleine Brotlaibe (beim Bäcker bestellen)
- Schlagobers, Kürbiskernöl und Schnittlauchröllchen zum Garnieren

Kürbis schälen und in kleine Würfel schneiden, die gehackten Schalotten in Butter anschwitzen, Kürbiswürfel dazugeben und weich dünsten.
Mit Suppe aufgießen, dann auch Obers, Ingwer, Muskatnuss, Salz und Pfeffer hinzufügen und alles aufkochen lassen.
Suppe mit dem Pürierstab aufmixen und anschließend in die ausgehöhlten kleinen Brotlaibe füllen (siehe Bild), mit Schlagobers, Kürbiskernöl und Schnittlauchröllchen garnieren.

Rindsbraten in Wurzelrahmsauce mit Preiselbeerapfel

- **1 kg Rindsbratenfleisch vom Almochsen (Hüferl oder Beiried)**
- **Salz und Pfeffer, etwas Senf**
- **etwas Öl, 250 g Schalotten**
- **250 g Wurzelwerk (Sellerie, Karotte, Petersilie, Lauch)**
- **1 Schuss Rotwein**
- **500 ml Rindsuppe**
- **1 EL Preiselbeermarmelade**
- **einige Wacholderbeeren**
- **125 ml Obers**
- **1 EL Mehl**

Preiselbeeräpfel

- **2 Äpfel, 250 ml Wasser**
- **2 EL Zucker**
- **1 Zimtrinde**
- **einige Gewürznelken**
- **Saft von 1 Zitrone**
- **4 EL Preiselbeermarmelade**

Für den Braten das Fleisch mit Salz, Pfeffer und Senf einreiben, danach in heißem Öl von allen Seiten anbraten. Schalotten und Wurzelwerk klein schneiden, zum Fleisch geben und ebenfalls Farbe nehmen lassen. Alles mit Rotwein und Rindsuppe ablöschen, Preiselbeermarmelade und einige Wacholderbeeren dazugeben und bei 140 °C im Backrohr zugedeckt etwa 1–1 1/2 Stunden schmoren. Dann das Fleisch aus dem Topf nehmen und in Alufolie gewickelt warm stellen. Sauce aufkochen lassen, mit Obers und Mehl (mit etwas Wasser angerührt) binden und durch ein Sieb passieren. Sauce nochmals aufkochen lassen und abschmecken.
Für die Preiselbeeräpfel die Äpfel schälen, halbieren und das Kerngehäuse entfernen. Wasser mit Zucker, Zimt, Gewürznelken und Zitronensaft aufkochen, die Apfelhälften darin bissfest weich dünsten, abtropfen lassen und mit Preiselbeermarmelade füllen.
Rindsbraten mit Apfelhälfte und Sauce anrichten.

Hinweis: Im Feistritzerhof serviert man hausgemachte Spätzle (Brettspätzle) und Apfelrotkraut dazu.

Apfelscheiben im Backteig mit Vanillesauce und Kürbiskernparfait

- 2 Äpfel, geschält und Kerngehäuse ausgestochen
- 3 Eier, 300 ml Milch
- 100 g Mehl, 1 Prise Salz
- etwas Zimtpulver, Zucker, 1/2 Zitrone
- Fett zum Ausbacken

Vanillesauce
- 500 ml Milch
- 3 g Stärke
- 200 g Zucker
- 1 Vanilleschote, Eidotter

Parfait
- 3 Eidotter, 2 Eier
- 300 g Zucker
- 1 Vanilleschote
- 500 ml Obers
- 2 EL Kürbiskerne, fein gehackt
- etwas Kernöl

Parfait: Eidotter, Eier, Zucker und ausgekratztes Vanillemark in einer geeigneten Schüssel über Dampf aufschlagen, dann vom Herd nehmen und kalt schlagen. Steif geschlagenes Obers unterheben, gehackte Kürbiskerne einarbeiten und mit Kernöl abschmecken. Masse in eine mit Frischhaltefolie ausgekleidete Form füllen und mindestens 8 Stunden frieren lassen.

Vanillesauce: 3 Esslöffel Milch mit der Stärke glatt rühren. Restliche Milch mit Zucker und ausgekratztem Vanillemark und der ausgekratzten Schote aufkochen lassen, dann vom Herd nehmen, Vanilleschote entfernen, etwas überkühlen lassen. Eidotter und Stärke einarbeiten, warm halten, aber nicht mehr aufkochen lassen.

Backteig: Eier trennen, Eidotter mit Milch, Mehl und etwas Salz verrühren, dann das steif geschlagene Eiklar unterheben. Äpfel in 1/2 cm dicke Scheiben schneiden und mit Zimt, Zucker und Zitronensaft würzen. Apfelscheiben durch den Backteig ziehen und in heißem Fett beidseitig goldbraun ausbacken, abtropfen lassen. Apfelscheiben mit Vanillesauce und Parfait anrichten, nach Belieben mit Minze, Beeren, Staubzucker etc. garnieren.

holzerbauer

Forellenhof

Der Forellenhof Holzerbauer liegt am Fuße des Rabenwaldes inmitten einer malerischen Umgebung, die von Wiesen und wunderschönen romantischen Wäldern geprägt ist. Das urige Gasthaus ist vor allem für seine Fischspezialitäten (hier legt man, wie der Name bereits verrät, besonderes Augenmerk auf die Forelle) bekannt, doch als „Apfel-Genusswirt" werden natürlich auch verschiedenste Gerichte mit den heimischen Äpfeln der Apfelstraße zubereitet und aufgetischt. Wie man überhaupt sagen muss, dass der Forellenhof bemüht ist, fast ausschließlich Produkte aus der näheren Umgebung zu verarbeiten. Besonders stolz ist man übrigens auf das Gemüse aus dem eigenen Garten.

Die Gerichte von Küchenchef Andreas Holzerbauer sind regional geprägt, unprätentiös, geradlinig und schmackhaft. Besonders gut mundet hier die Forelle auf steirische Art, vor allem dann, wenn man sie an einem schönen Sommertag im Freien auf der gemütlichen Terrasse genießen kann.

Andreas Holzerbauer,
Küchenchef

Forellenhof Holzerbauer
Floing 111 (Krughof)
8184 Anger
Tel.: ++43(0)3177/2293
www.forellengasthof.com

Apfel-Kürbis-Schaumsuppe

- **2 Äpfel**
- **150 g Muskatkürbis**
- **80 g Zwiebel**
- **25 g Butter**
- **125 ml trockener Weißwein**
- **50–75 ml Apfelschnaps**
- **750 ml Gemüsesuppe**
- **100 ml Obers**
- **2 EL Crème fraîche**
- **Stärkemehl zum Binden**
- **Cayennepfeffer oder Chilipulver**
- **Salz**

Äpfel und Kürbis schälen, von Kernen befreien und würfelig schneiden. Die klein geschnittene Zwiebel in Butter anschwitzen, Kürbis und Apfelwürfel hinzufügen, mit Wein und Apfelschnaps ablöschen und anschließend mit der Gemüsesuppe auffüllen, 20 Minuten köcheln lassen.

Obers und Crème fraîche einrühren, im Mixer pürieren, durch ein Sieb streichen, erneut aufkochen lassen und mit etwas Stärkemehl binden. Mit Cayennepfeffer (bzw. Chilipulver) und Salz abschmecken.

Gebratene Forellenfilets auf steirische Art

- 8 Forellenfilets
- 2 Zitronen (unbehandelt)
- Salz
- etwas griffiges Weizenmehl (oder Maismehl)
- 80 ml Öl
- 100 g Butter
- 50 g Kürbiskerne (ganz)

Sauber filetierte und entgrätete Forellenfilets unter kaltem Wasser abspülen, eine Zitrone auspressen und eine in Scheiben schneiden. Forellenfilets salzen und mit etwas Zitronensaft beträufeln, die Hautseite in Mehl wenden.

Öl nicht zu stark erhitzen und die Forellenfilets darin – je nach Größe – auf der Hautseite ca. 7–9 Minuten langsam braten.

Butter in einer Pfanne braun werden lassen (aufpassen, dass sie nicht verbrennt) und die Kürbiskerne darin schwenken.

Jeweils zwei Filets auf vorgewärmten Tellern anrichten und mit der Kürbiskern-Butter überziehen; als Beilage eignen sich z. B. Petersilienerdäpfel.

Ballonhotel

Wie der Name bereits verrät, ist das Ballonhotel zunächst einmal ein Treffpunkt für Ballonfahrer aus aller Welt, die das landschaftlich faszinierende Apfelland „von oben" betrachten wollen. Doch das Ballonhotel bietet mit dem Apfelblüten-Spa und der Apfelblüten-Saunalandschaft weitere Möglichkeiten, den Apfel zu „genießen". Besonderes verwöhnt werden hier übrigens Familien mit Kinder, weshalb man sich auch der Gruppe der so genannten „Familienhotels" angeschlossen hat.

Regionale und zeitgemäße Genüsse sind das Motto der Küche von Claudia Thaller, die ihren Gästen vor allem bodenständige steirische Schmankerln auftischt, zuweilen aber auch Ausflüge in die internationale Küche unternimmt. „Ballonfahren, Apfelwellness und Genuss" heißt also das Dreigestirn, mit dem die Familie Thaller für einen schönen und homogenen Familienurlaub sorgen will.

Claudia Thaller,
Küchenchefin

Ballonhotel
8224 Hofkirchen 51
(bei Kaindorf)
Tel.: ++43(0)3334/22620
office@ballonhotel.at

Apfel-Sellerie-Cremesuppe

- **1 Sellerieknolle**
- **2 Äpfel**
- **250 ml Obers**
- **125 ml Apfelsaft**
- **Salz und Pfeffer**
- **Petersilie**

Sellerie schälen, in Würfel schneiden und in wenig Wasser weich kochen, Äpfel ebenfalls schälen, Kerngehäuse entfernen und Äpfel in Würfel schneiden, diese zum Sellerie geben und leicht mitkochen. Obers und Apfelsaft dazugeben, aufkochen lassen und mit einem Mixstab pürieren, bis die Suppe sämig ist. Mit Salz und Pfeffer würzen, mit Petersilie garnieren.

Almo-Beiriedschnitte in sämiger Apfelmostsauce mit hausgemachten Speckrösti und buntem Gemüse

- **4 Beiriedschnitten à 180 g**
- **Salz und Pfeffer**
- **etwas Öl**
- **2 Äpfel**
- **2 cl Apfelbrand**
- **500 ml Bratensaft**
- **250 ml Obers**
- **125 ml Apfelmost**

Speckrösti
- **400 g mehlige Erdäpfel, gekocht**
- **6 Scheiben Hamburger Speck**
- **1 EL Maizena**
- **4 Eidotter**
- **Majoran**
- **Salz und Pfeffer**
- **Öl zum Braten**

- **4 Portionen Gemüse (je nach Saison)**

Beiriedschnitten mit Salz und Pfeffer würzen, in einer Pfanne in heißem Öl beidseitig scharf anbraten und warm stellen. Im Bratenrückstand die geschälten, würfelig geschnittenen Äpfel kurz anrösten, mit Apfelbrand ablöschen und mit Bratensaft aufgießen, Obers und Apfelmost dazugeben und leicht köcheln lassen, bis sich eine sämige Sauce bildet, würzen und abschmecken.
Für die Speckrösti die ausgekühlten Erdäpfel schälen und reiben, Speck klein schneiden, beides mit den übrigen Zutaten vermengen. Aus der Masse Laibchen formen und diese in einer Pfanne in etwas Öl goldgelb braten.
Beliebiges Gemüse in kleine Stücke schneiden und dünsten, salzen.
Beiriedschnitte mit Sauce und Gemüse anrichten, die Rösti dazugeben und sofort servieren.

Apfeleisparfait mit Vanille-Espuma

- 2 Eier
- 1 Eidotter
- 60 g Kristallzucker
- 1 TL Vanillezucker
- 240 ml Apfelmus
- 330 ml Obers

Vanille-Espuma

- 150 ml Obers
- 150 ml Apfelsaft
- 60 g Staubzucker
- 1 Vanilleschote
- 2 EL Stärke

Für das Eis Eier, Eidotter, Kristall- und Vanillezucker in einer Rührschüssel über Wasserdampf schaumig schlagen, anschließend in einem kalten Wasserbad kalt schlagen.
Apfelmus unter die Masse heben, Obers cremig schlagen und ebenfalls unterheben. Masse in gekühlte Formen füllen und aromageschützt ca. 8 Stunden tiefkühlen.
Für den Vanille-Espuma alle Zutaten miteinander aufkochen lassen und anschließend in eine ISI-Flasche füllen, kühlen. Espuma in ein kleines Glas spritzen, mit dem Eisparfait und beliebiger Garnitur anrichten.

Bäckerei • Cafe zum Bäck'n
EITLJÖRG

Eitljörg oder

Wie der Bäck zum Apfel kam

Im Apfeldorf Puch liegt mit dem Landgasthof und Romantikhotel „Zum Bäck“ eine gleichermaßen genussvolle wie geschichtlich interessante Adresse. Die Familie Eitljörg hat nämlich – wie der Name schon verrät – ihre Wurzeln in Skandinavien, genauer gesagt in Schweden, wie der Patron des Hauses erzählt:

„Es trug sich Mitte des 15. Jahrhunderts zu, als die schwedische Bäckersfamilie Eitljörg auszog, um die Welt zu erkunden. In der anheimelnden Umgebung um Puch in der Steiermark gefiel es ihnen auf Anhieb so gut, dass sie sich hier niederließen. Der Vater merkte, dass es hier fruchtbaren Boden gab, und auch deshalb verzichtete man auf ein Weiterziehen. Die Familie wurde also sesshaft und begann Äpfel anzupflanzen, die man dann am Wochenmarkt in Weiz verkaufte, womit die Familie Eitljörg zu den ersten Pionieren des heutigen Apfellandes zählen. Mit der Zeit begannen immer mehr Freunde und Nachbarn in der Umgebung ebenfalls Äpfel anzubauen und zu verkaufen.

Weil von Jahr zu Jahr die Ernte besser ausfiel und die Bäume prächtig gediehen, konnte man schon bald die Äpfel auch nach Wien, Ungarn, ja sogar zum kaiserlichen Hof liefern. Erst im Jahre 1888 entsannen sich die Nachfahren des ursprünglichen Berufs der Vorfahren und eröffneten wieder eine Bäckerei, diesmal aber mit angeschlossenem Gasthof. Man nannte den Gasthof ‚Zum Bäck‘, und dieser wird heute bereits in 5. Generation betrieben. Da auch die jungen ‚Apfel-Bäck'n‘ im Betrieb mitarbeiten und die Tradition des Hauses hochhalten, wird dieser wohl noch lange als Familienbetrieb geführt werden, was die Gäste an unserem Haus besonders schätzen.“
Besonders geschätzt werden sicherlich auch die vielfältigen und köstlichen Backwaren, welche hier erzeugt werden, allen voran die so genannten „Mürben Äpfel“ und der Apfelstrudel, aber auch das Apfelbrot und die Apfelwecken erfreuen sich großer Beliebtheit und können in der angeschlossenen Konditorei gleich vor Ort genossen werden.

Karl Eitljörg-Scholz,
Konditormeister

„Zum Bäck“
Familie Eitljörg-Scholz
8182 Puch bei Weiz
Tel.: ++43(0)3177/2204
www.zumbaeck.at

Flaggl-Essige

Ganz nach dem Motto „Sauer macht lustig" arbeitet die Essig-Manufaktur von Peter Flaggl, deren Produkte im Hofladen beim Apfelwirt in Stubenberg/See angeboten werden. Man kann hier Essig in zahlreichen Geschmacksrichtungen verkosten und beziehen: Apfelessig klar und naturtrüb, Apfelbalsam-Essig, Apfelessig mit Honig, Apfelessig mit Knoblauch oder Apfelessig mit Pfeffer sind Beispiele für die Sortenvielfalt, die durch Essige von Quitten, Williams-Christ-Birnen, Erdbeeren, Ribiseln, Himbeeren oder Kirschen noch erweitert wird. Alle Obstsorten für die hausgemachten Essig-Produkte stammen aus eigener Landwirtschaft.

„Seit Generationen betreibt unsere Familie Obstbau und kultiviert mehr als 15.000 Bäume. Hauptsächlich Äpfel natürlich, aber auch Birnen, Kirschen, Zwetschken, Holunder und Quitten. Langjährige Erfahrung und Lagerung in Eichenholzfässern verleihen dem Essig eine besondere Note. Über 18 verschiedene Sorten, vom naturtrüben Essig bis zum Balsam, stehen bei uns zur Auswahl. Die Essigproduktion betreiben wir seit vielen Jahren ebenso leidenschaftlich wie das Ballonfahren", erklärt Peter Flaggl.

Peter Flaggl,
Essigproduzent

8223 Stubenberg
am See 11
Tel.: 03176/8801
E-Mail: info@apfelwirt.at

Leber auf oststeirische Art

Die Essigvielfalt hat auch auf die Küche beim „Apfelwirt“ (s. S. 155) Einfluss. Legendär sind die speziellen Lebergerichte, bei denen der hauseigene Essig nicht fehlen darf.

- **1 kg Kalbsleber**
- **1 Zwiebel**
- **100–125 g Speck**
- **1 Apfel**
- **Butterschmalz**
- **etwas Mehl zum Stauben**
- **Apfelbalsam-Essig nach Geschmack (mindestens 2–3 EL)**
- **Rindsuppe zum Aufgießen**
- **250 ml Crème fraîche**
- **Salz und Pfeffer aus der Mühle**

Die Leber in feine Scheibchen schneiden, Zwiebel, Speck sowie den Apfel feinblättrig schneiden und in etwas Fett anschwitzen. Die klein geschnittene Leber dazugeben und anrösten, mit Mehl stauben und mit Apfelbalsam-Essig ablöschen.
Mit etwas Rindsuppe aufgießen und mit Crème fraîche verfeinern, vorsichtig salzen (der Speck und die Rindsuppe sind schon salzig) und mit Butter- oder Petersilienerdäpfeln servieren.

Poscar

Der Legende nach ist diese Rezeptur mehr als 2000 Jahre alt.

- **125 ml Apfelessig**
- **750 ml Wasser**
- **4–5 EL Honig**

Den gut gekühlten Apfelessig mit dem eiskalten Wasser vermischen und mit dem Honig süßen. Das Getränk wird stilecht in einem Tongefäß serviert und ist ein hervorragender Durstlöscher an heißen Sommertagen (ohne Abb.).

Schloss Herberstein und die Tierwelt

Ein mächtiges Schloss, zauberhafte Gärten, Stile vieler großer Epochen sowie große Namen und Persönlichkeiten machen das Gartenschloss Herberstein zu einem prachtvollen Besichtigungsziel.

Wie ein gigantisches Schiff aus Stein liegt das Schloss an der Feistritz und trägt 700 Jahre Geschichte in seinen prächtigen Mauern. Doch das Schloss, das heute noch in der 21. Generation von der Familie gleichen Namens bewohnt wird, ist auch ein Stück Steiermark und steht für die Menschen, die diesen Ort geschaffen und geprägt haben. Herberstein und seine Herrschaften, seine Denker und Grafen werden wie der Grundstein aus dem 12. Jahrhundert zum Fundament der Geschichte. „Eh wieg's, dann wag's – so nachts wie tags" lautet die Familiendevise der Herbersteins. Dieser Satz ist in ein Richtschwert aus dem 16. Jahrhundert graviert. 1644 erlangte die Familie Herberstein den erbländisch-österreichischen Grafentitel, 1710 wurde sie in den Reichsgrafenstand erhoben.

Im 17. und 18. Jahrhundert war rund ein Fünftel der Steiermark im Besitz der Grafen Herberstein. Mehr als ein Dutzend Burgen und Schlösser von Istrien bis Böhmen, von Kärnten bis Schlesien machten die Herbersteins zu einer Macht in Europa. Es gab kaum einen Krieg gegen Venezianer, Türken, Preußen oder Franzosen, an dem nicht wenigstens ein Herberstein als Hauptmann, Festungskommandant oder Generalfeldmarschall teilnahm. Doch Herberstein kündet nicht nur von Heldentaten, Rüstungen und Macht. All diese Ruhmesgeschichten stehen in Verbindung mit gewachsener, gepflegter Harmonie und durchaus auch Lieblichkeit, die über Jahrhunderte harmonisch miteinander gedeihen konnten.

Der Name Herberstein steht auch für einzigartige Natur, die hier seit Jahrhunderten Zeit hat, in unterschiedlichsten Gärten verschiedenster Epochen und Stilrichtungen zu einer botanischen Pracht zu gelangen. Sie führt den Besucher zwischen Kräutern, Obstbäumen, terrassenförmigen Beeten, Wasserkaskaden und hunderten Rosenstöcken in eine florale Zauberwelt und lässt gleichermaßen Platz zum Staunen und Durchatmen.

Das Gartenschloss Herberstein ist ein „Kulturkonzentrat", geprägt von den Epochen der Gotik, der Renaissance und des Barock. Die Familie Herberstein ist sich bewusst, dass Geschichte nur leben kann, wenn man sie auf mannigfaltigen Pfaden immer wieder ins Jetzt führt. Zeichen dafür ist unter vielem anderen das hier entstandene Gironcoli-Museum, in dem unterschiedlichste Ausstellungen und Veranstaltungen stattfinden. Benannt ist dieses Architekturjuwel von Hermann Eisenköck nach Bruno Gironcoli, einem der bedeutendsten Bildhauer des 20. Jahrhunderts.

Der Tierparkt Herberstein

Die Haltung von Wildtieren hat in Herberstein bereits jahrhundertelange Tradition. War es im 17. Jahrhundert die erstmalige Haltung von Damwild in Österreich, so gibt es heute einen nach wissenschaftlichen Erkenntnissen geführten Zoo mit Tieren aus aller Welt, der eine Vielzahl an Aufgaben im Arten- und Naturschutz wahrnimmt. Mitte des 17. Jahrhunderts erkannte Johann Maximilian I. Freiherr zu Herberstein, dass die steilen Hänge landwirtschaftlich unbrauchbar waren. Sie eigneten sich aber vorzüglich für die Haltung von Wildtieren. So ließ er aus Italien Damwild kommen und siedelte es hier an – der Grundstein für den heutigen Tierpark war somit gelegt. Doch erst seit Ende der sechziger Jahre des 20. Jahrhunderts wurde der private Park der Öffentlichkeit zugänglich gemacht und – um die Attraktivität für Besucher zu steigern – der Tierbestand erstmals mit „Exoten" bereichert.

Tierwelt Herberstein
Steirischer Landestiergarten GmbH
Buchberg 50
8223 Stubenberg am See
Tel.: ++43(0)3176/80777
www.tierwelt-herberstein.at

Der Archäologiepark Kulm-Keltendorf

Der 976 Meter hohe Kulm bei Weiz war bereits in der Steinkupferzeit (ca. 4400–2300 v. Chr.) bewohnt. Nach den archäologischen Funden gehörte diese wohl bäuerliche Ansiedlung der Lasinja-Kultur an.

In der späten Bronzezeit (Urnenfelderzeit 1300–800 v. Chr.) wurde an der Ostflanke des Kulmgipfels eine Wallsiedlung für ca. 300 Bewohner angelegt. Diese beherrschte das mittlere Feistritztal und seine Umgebung und bildete somit das erste wirtschaftliche, politische und vermutlich auch kultische Zentrum dieser oststeirischen Region. In der La-Tène-Zeit (späte Eisenzeit, 500–100 v. Chr.) wurde das Gipfelplateau noch einmal mit einer massiven Wehranlage befestigt, der Zugang zu diesem keltischen Oppidum führte durch eine imposante Toranlage an der Südost-Seite des Walles. Römerzeitliche Funde aus dem 1.–3. Jahrhundert n. Chr. bezeugen auch die Besiedelung des Berges in frühgeschichtlicher Zeit, Reste von Eisenschlacken belegen den spätmittelalterlichen Erzabbau und die Verhüttung durch die Herrschaft Herberstein auf dem Kulm.

Mit dem Kulm-Keltendorf hat der Besucher die Möglichkeit, in die Welt der Bergbewohner vor Jahrtausenden einzutauchen. Nach der wissenschaftlichen Einführung in der Informationszone und dem Passieren des Dorftores verlässt der Gast die Gegenwart und betritt den Dorfanger (Kraftplatz), um den sich 10 Bauten (Rekonstruktionen) im Stil eines keltischen Weilers gruppieren (Stallgebäude mit Rutenwänden, Scheune als Schauhütte, Häuptlings-Blockbau mit Backhütte, Grubenhaus eines Schmiedes, Waffenkammer und keltisches Bauernhaus mit Schuppen/Schauhütte). Dazwischen eingesprengt finden sich protokeltische Bauten (Lasinja-Hütte, Rundspeicher und Kulthügel) sowie eine Schautafel mit Kalenderlinien der Urzeit und Darstellung eines keltischen Baumkalenders. Die mit Figurinen der damaligen Bewohner „belebten“ Häuser sollen – neben der parkähnlichen Anlage – helfen, dem Leitspruch „schönstes Keltendorf Österreichs“ gerecht werden. Jedenfalls ist die gesamte Anlage sehr liebevoll gestaltet und einen Besuch wert.

Kulm-Keltendorf
Tel.: ++43(0)3113/2332
museumsleitung@kulm-keltendorf.at

Der Töchterlehof und die Stutenmilch

Bereits im 12. Jahrhundert wurde der Hof erstmals urkundlich erwähnt, doch das Familienwappen wurde erst im Jahre 1753 von Kaiserin Maria Theresia verliehen. Das traditionelle Gestüt wurde 1988 in Anlehnung an den Erzherzog-Johann-Baustil neu errichtet.

Seit Generationen betreibt man hier nicht nur Pferdezucht, sondern beschäftigt sich auch mit der Gewinnung von Stutenmilch. In allen modernen Industriestaaten nehmen allergische Krankheiten und gewisse Krebsarten zu. Viele leiden unter schweren chronischen Erschöpfungszuständen, unter permanenter Überlastung, Stress, Frust, falscher Ernährung, Genussgiften, aggressiven Medikamenten und umweltschädigenden Stoffen, Bewegungsarmut und Schlafmangel. All das zeigt, wie lebenswichtig ein intaktes Immunsystem ist. Es war eine Sensation, als man herausfand, dass Stutenmilch reich an Immunglobulinen ist. Weiters enthält Stutenmilch 40 lebenswichtige Inhaltsstoffe, die zur Gesundung und Gesunderhaltung beitragen.

Stutenmilch ist eine dünnflüssige, fettarme Albumin-Globulin-Milch und ist, verglichen mit der Milch aller Säugetierarten, der menschlichen Muttermilch am ähnlichsten. Durch den hohen Anteil an essentiellen Aminosäuren, wie Tryptophan, Methionin, Lysin und hoch ungesättigten Fettsäuren wie Linol-, Linolen- und Arachidonsäure (4-fach ungesättigte essentielle Fettsäure) ist die „hohe biologische Wertigkeit“, erklärbar.
Üblicherweise wird Stutenmilch in Form einer 4–8-wöchigen Trinkkur eingenommen, doch der Töchterlehof hält – neben den mittlerweile sehr bekannten Kosmetika aus Stutenmilch – für den Genussmenschen viele Produkte aus Stutenmilch parat, wie z. B. Stutenmilch-Likör, Stutenmilch-Trüffel, Honig mit Stutenmilch oder verschiedene Schokoladen, die mit Stutenmilch hergestellt wurden.

Andrea Derler-Töchterle,
Töchterlehof

Töchterlehof Derler KEG
8184 Oberfeistritz 190
Tel.: ++43(0)3175/2214
stutenmilch@toechterle.at

Buschenschank Breitenberger und die oststeirische Römerweinstraße

Wie der Apfel, so ist auch der Wein geradezu untrennbar mit der Steiermark verbunden und wird hier bereits seit der Römerzeit angebaut, wie zahlreiche archäologische Funde beweisen. Und deshalb findet man im Apfelland auch zahlreiche Buschenschänken, die zu ihren hausgemachten Schmankerln Eigenbauweine ausschenken. Exemplarisch soll an dieser Stelle die Buschenschank von Karl Breitenberger vorgestellt werden, der sich zudem sehr um die oststeirische Römerweinstraße bemüht und zu diesem Thema erklärt:

„Vermutlich war der Weinbau in unserer Region bereits den steirischen Kelten lang vor Christi Geburt bekannt. Auch Srabo und Cassius Dio berichten über den Weinbau in der heutigen Steiermark noch vor der Besitznahme des Noricums durch die Römer (16 v. Chr.). Funde von Reben in einem römischen Grabhügel bei Hartberg und Darstellungen von Weinstöcken auf Grabmählern in St. Johann sind vor Kaiser Probus (276–282 n. Chr.) datiert, dem der Legende nach die Einführung des Weinanbaus in der Region Pannonien zugeschrieben wird. Dass Römer oder romanisierte Kelten entlang der heutigen Römerweinstraße gesiedelt und für ihren Eigenbedarf Wein produziert haben, kann als erwiesen gelten. Und so zieht sich die archäologische Spur der Römerzeit von Gleisdorf – dem Beginn der oststeirischen Römerweinstraße – über Hartberg bis nach Bad Waltersdorf. Das Wahrzeichen der oststeirischen Römerweinstraße ist ein Grabstein (mit einem Weinstock darauf) aus dem 2. Jahrhundert, der aus dem Römergrab von Hartensdorf stammt.

Entlang dieser Römerweinstraße liegen viele Weinbaubetriebe und Buschenschänken, in denen typisch steirische Weine kredenzt werden. Karl Breitenberger baut vor allem Sauvignon blanc, Weißburgunder, Klevner, Muskateller, Riesling und Welschriesling an, bei den Rotweinen dominiert der Zweigelt. Insgesamt erzeugt er 15 verschiedene Qualitätsweine, welche allesamt glasweise im Buschenschank verkostet werden können. Außerdem gibt es noch selbst gemachte Fruchtsäfte, Edelbrände und natürlich einen wahren Fundus von bäuerlichen Köstlichkeiten (besonders empfehlenswert ist die Brettljause), die liebevoll zubereitet und an schönen Tagen im Sitzgarten unter der urigen Weinlaube genossen werden können.

Karl Breitenberger, Winzer

Buschenschrank
Fam. Breitenberger
8221 Kaibing 71
Tel.: ++43(0)3113/8771-0
karl@breitenbergerwein.at

Buchgrabners Steirerwurz'n

Dieses wunderbar herzhafte Gebäck wurde von der Bäckerei Buchgrabner in Anger entwickelt und war bereits kurz nach seiner Einführung in aller Munde. Das Kleingebäck wird als „die knusprigsten Kurven der Steiermark" vermarktet und soll märchenhaft köstlich sein, wie seine Geschichte erzählt:

Alles begann so: Es war einmal ein steirischer Wirt, zu dem die Gäste von weither kamen, um seine steirische Jaus'n zu genießen. Das Geschäft lief gut, der Wirt war zufrieden. Doch etwas fehlte ihm, er suchte nach etwas ganz Besonderem, das er seinen Gästen zur Jaus'n servieren konnte, er suchte nach einem einzigartigen Gebäck, bis er eines Tages den jungen Bäcker Klaus Buchgrabner aus Anger bei Weiz traf und wenig später ein völlig neues, noch nie dagewesenes Gebäck verkosten konnte. Rundherum knusprig war es, einzigartig in der Form und unverwechselbar im Geschmack. Und weil das neue Gebäck seine Wurzeln in der Steiermark hat und außerdem wie eine „Wurz'n" (Dialektausdruck für Wurzel) aussieht, nannte der junge Bäcker seine Erfindung „Buchgrabers Steierwurz'n", das Original. Jung und Alt probierten sie, waren begeistert und erzählten die Geschichte von der köstlichen neuen „Steirerwurz'n" immer weiter. So bekamen mehr Menschen Appetit auf sie. Und alle erkannten: nicht nur die Geschichte über Buchgrabners Steiererwurz'n ist märchenhaft köstlich!

Neben der original Steirerwurz'n gibt es auch Steirerwurz'n mit Kürbiskernen oder mit Speck und eine Steirerwurz'n XXL – alle Varianten sind genauso wohlschmeckend wie das Original!

Brigitte Buchgrabner,
Bäckerin

Bäckerei Buchgraber
Hauptplatz 9
8184 Anger
Tel.: ++43(0)3175/33640
www.steirerwurzn.at

Pikanter Oststeirer

- **125 g Butter**
- **250 g Topfen (20 %)**
- **75–100 g Gervais**
- **1 kl. Dose Sardellenringe**
- **1 TL Senf**
- **1 Msp. Cayennepfeffer**
- **Pfeffer aus der Mühle**
- **Salz**
- **eventuell 1 TL gehackte Salzkapern**
- **Kresse oder Radieschen-Sprossen**

Butter schaumig rühren, Topfen und Gervais dazugeben und die Masse glatt rühren, danach mit gehackten Sardellenringen, Senf, Cayennepfeffer, Pfeffer aus der Mühle und Salz abschmecken – nach Belieben mit gewaschenen und gehackten Salzkapern verfeinern. Aufstrich in eine Schüssel füllen und mit reichlich Kresse oder Radieschen-Sprossen bestreuen. Steirerwurz'n der Länge nach aufschneiden, großzügig mit dem Aufstrich bestreichen.

Scharfer Angerer

- **8 Eier**
- **4 EL Kren (nach Geschmack auch mehr)**
- **1 große Zwiebel**
- **200–250 g Butter**
- **Tabasco nach Geschmack**
- **eventuell etwas Worcestersauce**
- **Salz**

Eier hart kochen, schälen und fein hacken, dann mit frisch gerissenem Kren, feinst gehackter Zwiebel und der sehr weichen, schaumig aufgeschlagenen Butter vermischen. Alles mit Tabasco und einigen Tropfen Worcestersauce abschmecken, salzen. Den Aufstrich zusammen mit Steirerwurz'n auftischen.

Das Rauchstubenhaus

In einer reizvollen Landschaft liegt auf 800 Metern Seehöhe das Rauchstubenhaus, eines der letzten noch voll funktionsfähigen Rauchstubenhäuser im Alpenraum. Es bietet daher lebhafte Einblicke in das Leben der ehemaligen Landbevölkerung. Neben der Rauchkuchl, die auch heute noch zum Räuchern und Kochen genutzt wird, beheimatet das Rauchkuchlhaus ein Heimatmuseum mit mehr als 300 Exponaten.

Ab dem 17. Jahrhundert wurde das Rauchstubenhaus als „Ramelhof – eine Hube in Edelschachen" geführt und gehörte bis 1848 zur Herrschaft Stadl bei St. Ruprecht an der Raab. Die Jahreszahl 1727 im Trambaum des Stüberls deutet auf einen Um- bzw. Zubau des Hauses hin. 1967 übersiedelte die Familie in den Neubau. 1968 wurde das historisch wertvolle Gebäude von der Marktgemeinde Anger gekauft, saniert und der heutigen Verwendung als Heimatmuseum zugeführt. Bewirtschaftet wird die Rauchkuchl heute von den Wirtsleuten des benachbarten Gasthauses Almer.

Das Herzstück ist aber mit Sicherheit die rauchgeschwärzte Stube, in ihr blieb die Zeit scheinbar stehen. In Stuben wie dieser spielte sich in früheren Zeiten das gesamte bäuerliche Leben ab. Gemeinsam wurde hier gebetet, gekocht, gegessen, die Arbeit besprochen oder über negative und freudige Ereignisse gesprochen. Die Feuerstelle mit dem schwarzen Kochgeschirr, der Mostkrug auf dem klobigen Jogltisch (ein regionaltypischer, bäuerlicher Holztisch), der Herrgottswinkel oder der rußgeschwärzte Speckhimmel – all das ist lebendige Heimatgeschichte.

Peter Almer,
Rauchstubenwirt

Fallweise hängen unter der pechschwarzen Tramdecke die gebeizten Fleischstücke zum Selchen und gelegentlich wird – vor allem für angemeldete Gesellschaften – am offenen Feuer der so genannte Häfn-Nigl (s. Rezept S 134/135) gekocht. Und wenn das Feuer unter dem schwarzen Schmalztopf knistert und das heiße Schmalz beim Eintauchen des Teiges aufschäumt, so ist das ein gleichermaßen uriges wie eindrucksvolles Erlebnis, das zudem vermittelt, wie wunderbar auch die einfachsten Rezepturen schmecken können, wenn man ihnen nur die richtige Wertschätzung gibt.

Gasthaus Almer
Edelschachen 13
8184 Anger
Tel.: ++43(0)3175/2460
gasthaus.rauchstube@aon.at

1. Schmalz in einem gusseiernen Häfn erhitzen.

2. Die erste Teigschicht einfließen lassen.

3. Wenn Die Unterseite knusprig braun ist wenden und .

4. ... die nächste Schicht auf die gebackene gießen

5. So fortfahren bis ...

6. ...der gesammte Teig verbraucht ist und man ...

7. ...eine knusprige Kugel erhalten hat, die man ...

8. ... runherum goldbraun werden lässt.

9. Mit einer Gabel herausnehmen und ...

Der Häfn-Nigl

„Nigl" ist eine alte Bezeichnung für Kuchen. Somit ist der Häfn-Nigl nichts anderes als ein im Topf gebackener Kuchen, der zur großen Gruppe der schmalzgebackenen Speisen gehört. Man kann den Häfn-Nigel mit Staubzucker und Preiselbeeren als Dessert verzehren, doch in früheren Zeiten wurde er auch manchmal mit einem Salat als Hauptspeise genossen – vor allem, wenn die harte Hofarbeit (bei der auch die Frauen mithelfen mussten) wenig Zeit zum Kochen ließ.
Zudem lässt sich das Grundrezept des Häfn-Nigls geschmacklich vielfältig abwandeln. Für pikante Varianten kann man zum Teig beispielsweise kleine Speck-, Schinken- und/oder Käsewürfel dazumischen, süße zusätzliche Zutaten sind in Rum eingeweichte Rosinen, Nusskerne, Pinienkerne u. v. m. Doch die meisten Traditionalisten sind der Ansicht, dass der Häfn-Nigl am besten so schmeckt, wie er ursprünglich von den Bäuerinnen zubereitet wurde.
Wichtig (eigentlich unentbehrlich) ist für den Häfn-Nigl jedoch der Topf. Er sollte einen Durchmesser von ca. 20–22 cm und eine bauchige Form haben, denn der Häfn-Nigl nimmt während des Backvorganges die Form des Topfes an und erhält durch ihn seine typische Form eines Balls.

Häfn-Nigl

10. ... abtropfen lassen. Sofort servieren.

- **reichlich Schweineschmalz zum Ausbacken**
- **400–500 g Mehl**
- **8–12 Eier**
- **Milch nach Bedarf**
- **Salz**
- **2–3 grob gewürfelte Semmeln (nach Belieben)**

Einen großen, bauchigen Topf drei Viertel voll mit Schweineschmalz befüllen und über offenem Feuer erhitzen (ersatzweise auf dem Herd). Zwischenzeitlich aus Mehl, Eiern, Milch nach Bedarf und etwas Salz einen zähflüssigen Teig herstellen, den Teig eventuell mit grob geschnittenen Semmeln „auflockern".
Nun mit einem Schöpfer eine Schicht Teig in das heiße Schmalz gießen und die Unterseite goldgelb backen, dann die Teigschicht wenden. Auf die gebackene Seite wieder eine Schicht Teig aufgießen. Wenn die Unterseite der ersten Schicht wiederum goldbraun gebacken ist, wieder wenden. Auf der oberen, goldbraun gebackenen Seite wieder einen Schöpfer Teig verteilen und warten, bis die Unterseite goldbraun ist, wenden und so weitermachen, bis der gesamte Teig aufgebraucht ist.
Am Ende hat das Gebilde eine Ballform. Diese große, knusprige, goldgelbe Teigkugel auf Küchenpapier abtropfen lassen und nach Geschmack mit etwas Zucker bestreuen, in großzügige Portionsstücke schneiden und auftischen.

Hinweis: Früher wurden Reste vom Häfn-Nigl am nächsten Tag in Würfel geschnitten als Einlage für eine kräftige Suppe verwendet.

Die Pöllauer Hirschbirne

In unmittelbarer Nachbarschaft zum Apfelland liegt das malerische Pöllautal, dem im Jahr 1983 vom Land Steiermark das Prädikat „Naturpark" verliehen worden ist. Eine Auszeichnung für die Schönheit der Landschaft, die traditionelle und umsichtige Bewirtschaftung und das gelebte Brauchtum. Mit diesem Titel verpflichtet sich die Region im Gegenzug zu einer vorbildhaften und zukunftsfähigen Entwicklung in den Bereichen Naturschutz, Erholung, Bildung und Regionalentwicklung.

Eine kulinarische Besonderheit des Pöllauer Tals ist die so genannte Hirschbirne, eine ganz spezielle Frucht, die von einer alten steirischen Birnbaumsorte stammt. Größere Bestände dieses Baums sind nämlich nur noch im Pöllauer Tal erhalten. Die Bäume, meist in Reihen oder auf Streuobstwiesen gepflanzt, sind bis zu 200 Jahre alt. Seit Jahrhunderten beherrscht die Hirschbirne das Bild des Pöllauer Tales, wo sie die Grundlage der Mostbirnenkultur bildet. Sie gedeiht am besten in Lagen von 450 bis 800 Meter Seehöhe, aber auch bis zu einer maximalen Seehöhe von 1100 Metern. Dies ist einer der Gründe, warum die Hirschbirne im Pöllauer Tal so häufig zu finden ist.

Die Hirschbirne verlangt Geduld, die sie aber auch belohnt: Mit ersten Erträgen ist nach etwa 10 Jahren zu rechnen, die höchsten Erträge liefert der Baum ab einem Alter von 20 Jahren. Ein Hirschbirnbaum kann bis ins hohe Alter von 200 Jahren Früchte tragen. Bemerkenswert sind die Langlebigkeit, die Unempfindlichkeit gegen Frost, der sehr reiche Ertrag sowie die gute Transportfähigkeit und Haltbarkeit der Frucht. Seit jeher wird die Hirschbirne zu Most, Edelbränden und den vitaminreichen Kletzen (gedörrten Birnen) verarbeitet. Einige Bauern erzeugen neben köstlichen Hirschbirnensäften auch sortenreinen Hirschbirnenessig, der sich durch seinen einzigartigen Geschmack auszeichnet und regionaltypischen Salaten eine wunderbare Note verleiht.

Tourismusverband Naturpark
Pöllauer Tal, Schloss 1
8225 Pöllau
info@naturpark-poellauer-tal.at

Specksalat mit Hirschbirnenessig

- **1 kg speckige Erdäpfel**
- **250 g Vogerlsalat**
- **6 EL Hirschbirnenessig**
- **12 EL Wasser**
- **1 EL Zucker**
- **Salz und Pfeffer aus der Mühle**
- **4 EL Rapsöl**
- **125 g Speck**
- **3 Zwiebeln**
- **3 EL Kürbiskernöl**
- **eventuell Schnittlauchröllchen zum Bestreuen**

Die Erdäpfel waschen und mit wenig Wasser etwa 20–25 Minuten gar kochen. Den Vogerlsalat verlesen, waschen und gründlich trocken schleudern. Die gekochten, abgeseihten Erdäpfel noch heiß schälen, danach in Scheiben schneiden und mit einer Marinade aus 3 EL Essig, Wasser, Zucker und etwas Salz übergießen – leicht vermischen und ziehen lassen.

Anschließend den Erdäpfelsalat nochmals mit Essig, Salz, Pfeffer und einer Prise Zucker abschmecken und behutsam etwas Rapsöl untermischen.

Den Speck in feine Würfel schneiden und in einer Pfanne auslassen. Die Zwiebeln schälen und fein hacken. Die knusprigen Speckgrammeln aus der Pfanne nehmen und warm stellen, im ausgelassenen Speckfett die Zwiebelwürfel bei mäßiger Hitze andünsten, bis sie glasig sind. Danach die Zwiebeln vorsichtig unter die Erdäpfel heben und noch einmal abschmecken.

Vogerlsalat mit dem restlichen Essig und Rapsöl marinieren. Erdäpfelsalat auf Tellern anrichten und mit dem Vogerlsalat umkränzen. Mit Speckwürfeln bestreut servieren. Bei Tisch etwas Kürbiskernöl darüberträufeln.

Das Weizer Berglamm

In der intakten Umwelt des Weizer Berglandes, das sich über die Gemeinden Naas und Weiz erstreckt, werden die Schafe in kleinen Herden gehalten und fressen auf hochgelegenen Weiden würzige Gräser, Kräuter und im Winter Heu. Das naturnahe Futter und die artgerechte Haltung sind die Grundlagen für erstklassige Rohprodukte. Die Landwirte in und um Weiz stellen aus dem Lammfleisch und der Schafmilch hervorragende Lebensmittel her und formen zudem mit ihrer verantwortungsvollen Tätigkeit die pittoreske Landschaft der Region. Die naturnahe Haltung der heimischen Schafrassen schlägt sich dann natürlich in der ausgezeichneten Qualität nieder. Hochwertiges Lammfleisch ist eines der ältesten Nahrungsmittel der Menschheit und dennoch ganz modern. Das feine Fleisch mit dem zarten Eigengeschmack ist sowohl bei Feinschmeckern als auch bei Ernährungsbewussten beliebt.

Vor rund einem Dutzend Jahren haben findige Schafbauern den Trend zur aktuellen Lammqualität des Weizer Berglandes erkannt und begonnen, Lamm- und Schafmilchprodukte gemeinsam zu vermarkten, um diese an die wachsende Zahl der Lammliebhaber zu bringen.

Der zart-würzige Kräutergeschmack des Fleisches und die vollen Aromen der Schafmilch und Schafmilchprodukte aus dem Weizer Bergland sind einzigartig. Braten, Steak- und Schnitzelfleisch, Grillwürstel, Rohschinken sowie Milch, Joghurt und Käse bieten allerhöchsten Genuss.

Außerdem liefert das Schaf eine wahre Wunderfaser: die Wolle! Schafwolle ist schadstofffrei und hautfreundlich. Sie lässt sich leicht färben und mit anderen Fasern vermischen, ist knitterfrei und elastisch und wird zu modischen Kleidungstücken und Accessoires verarbeitet.

Weizer Schafbauern
reg. GenmbH
Marburgerstraße 45
8160 Weiz
Tel.: ++43(0)3172/30370
schafbauern@austro.net

Steirisches Schöpsernes mit Äpfel

- **1 kg ausgelöste Lammschulter**
- **1 l Wasser**
- **Salz**
- **2 EL Essig**
- **5 Knoblauchzehen**
- **4 Liebstöckelzweige**
- **2 Lorbeerblätter**
- **3 Salbeiblätter**
- **1 Zweig Minze**
- **Gewürzsäckchen (Oregano, Pfefferkörner, Wacholder, Gewürznelke)**
- **500 g Erdäpfel**
- **150 g Karotten**
- **100 g Sellerie**
- **250 g Äpfel**
- **Petersilie zum Bestreuen**

Das Fleisch in grobe Würfel schneiden und in kochendem Salzwasser kurz blanchieren. Anschließend in frischem Wasser mit Salz, Essig, Knoblauch, Kräutern und Gewürzsäckchen langsam gar kochen. Wenn das Fleisch gar ist, dieses aus dem Topf nehmen und den Sud durchseihen. Fleisch im Sud warm halten.

Die Erdäpfel, die Karotten und den Sellerie schälen, in Streifen schneiden und in nicht zu viel Sud 15 Minuten garen – die Erdäpfel sollten fast die gesamte Flüssigkeit aufnehmen. Nun die geschälten, in Spalten geschnittenen und entkernten Äpfel dazugeben, das Fleisch und Sud nach Bedarf (das Gericht sollte eine ganz leicht suppige Konsistenz haben) hinzufügen. Noch 5 Minuten ziehen lassen, dann portionieren, in vorgewärmte Teller füllen und mit gehackter Petersilie bestreuen.

Tipp: Wer mag, bestreut das Ganze mit frisch gerissenem Kren

In der Folie gegarte Lammstelze mit Apfelkren

- **4 Lammstelzen**
- **ca. 10 Knoblauchzehen**
- **2 TL Salz (vorzugsweise Bad Ausseer Ursalz)**
- **1 EL gutes Pflanzenöl**
- **1 TL Kümmel, geschrotet**
- **1 TL Thymianblättchen**
- **Pfeffer aus der Mühle**

Apfelkren
- **4 Äpfel**
- **4 EL Kren, frisch gerissen**
- **Zitronensaft oder Mostessig**
- **Feinkristallzucker**
- **Salz**

Für die Stelzen zunächst die Knoblauchzehen mit Salz zu einer Paste zerdrücken, mit Öl, geschrotetem Kümmel, Thymianblättchen und frisch gemahlenem Pfeffer verrühren. Die Stelzen damit einreiben, in Alufolie einwickeln und in eine Auflaufform setzen. Im vorgeheizten Ofen bei 120–140 °C etwa 3–4 Stunden schmoren.
Unmittelbar vor dem Servieren die geschälten Äpfel fein reiben, mit frisch gerissenem Kren, Zitronensaft (oder Essig), Zucker und Salz abschmecken.
Lammstelze mitsamt der Folie auf Teller setzen, Folie erst bei Tisch öffnen, damit das wunderbare Aroma den Raum erfüllt. Apfelkren separat dazu reichen.

Tipp: Dazu schmecken Rösterdäpfel.

Der Dorfschmied von Stubenberg am See

Ähnlich wie mit den Fleischermeistern vor Ort verhält es sich auch mit den Dorfschmieden: es gibt leider immer weniger von ihnen. Doch Stubenberg am See kann sich glücklich schätzen, denn hier gibt es mit Wolfgang Tilp noch einen echten Schmied, und dieser ist noch dazu ein echtes Original. Sein Motto lautet kurz und knapp: „Moch's sölber!"

Kommt man mit Wolfgang Tilp ins Gespräch, so wird man sicherlich folgende (mahnend gesprochene) Worte von ihm zu hören bekommen: „Viele der Gegenstände des täglichen Gebrauchs, Objekte zur Dekoration, Werkzeuge u. v. m. werden heute industriell gefertigt und um den halben Erdball geschickt, ehe wir sie irgendwo fix und fertig kaufen. Aber wann haben Sie zum letzten Mal etwas selbst gemacht?"

Und weil Wolfgang Tilp nicht nur alltägliche Schmiedearbeiten verrichtet, sondern vor allem auch seine künstlerische Ader auslebt, wird man in der Schmiede zunächst allerlei Kunstwerke vorfinden, die genau genommen aus „Schrott" gefertigt wurden. Doch das ist nicht der Grund, warum er an dieser Stelle vorgestellt wird. Der wahre Grund ist der, dass er Seminare und Schmiedekurse (für Anfänger und Fortgeschrittene) anbietet und in seinem Seminar-Portfolio zwei spezielle Kurse für Köche anführt: Pfannen und Messer schmieden! So können hier ambitionierte Köche unter fachkundiger Anleitung ihre eigenen Pfannen und Messer herstellen – bis hin zu edlen, handgearbeiteten Damast-Messern! Wolfgang Tilp erklärt hierzu:

„Was für eine Bindung zu seinem Messer hat der Koch, wenn er es irgendwo kauft? Sind wir ehrlich: so gut wie gar keine. Aber wenn er seine eigenen Messer geschmiedet hat, dann ist die emotionale Bindung vorhanden und zusätzlich wird das Verständnis für das Werkzeug erhöht!"

Tatsächlich wurde die Idee bereits von vielen handwerklich ambitionierten Köchen angenommen, und so werken viele heimische Köche in ihren Küchen mit Messern aus „eigener Herstellung". Das vielzitierte Wort „Manufaktur" bekommt so eine ganz neue Dimension.

Wolfgang Tilp
Dorfschmied

8223 Stubenberg am See
Tel.: ++43(0)3176/8888
www.schmiedefeuerwerk.at

Süße Apfelrezepte und Getränke

Apfel-Palatschinken mit Apfelschnaps

Teig

- **300 g Mehl**
- **4–5 Eier**
- **125 g Butter**
- **200 ml Milch**
- **1 Prise Muskatnuss oder Zimt**
- **1 Prise Salz**
- **2–3 EL Zucker**
- **Öl (oder Butterschmalz) zum Ausbacken**

Füllung

- **3–4 Äpfel (vorzugsweise Golden Delicious)**
- **Butter und Butterschmalz (oder Öl)**
- **3–4 EL Walnüsse**
- **Zucker nach Geschmack**
- **etwas Zitronensaft**
- **ca. 6 cl Apfelbrand (fassgelagert)**

Für den Teig das gesiebte Mehl mit den Eiern und der flüssigen Butter mit einem Schneebesen zu einem dicklichen Teig verrühren, dabei nach und nach die Milch einarbeiten (der Teig sollte möglichst klumpenfrei sein). Teig mit Muskatnuss (oder Zimt), Zucker und einer guten Prise Salz abschmecken und mindestens 1 Stunde rasten lassen. Für die Füllung die entkernten Äpfel schälen und in Spalten scheiden, die Spalten in einem Gemisch aus Butter und Butterschmalz (oder Öl) anbraten, die grob gehackten Nüsse dazugeben und kurz mitbraten. Mit Zucker stauben, diesen leicht karamellisieren lassen, dann mit Zitronensaft und Apfelbrand aromatisieren, die Füllung warm halten. Eine Pfanne mit Öl (oder Butterschmalz) einfetten. Teig nochmals durchschlagen, dann einen Schöpfer davon ins heiße Fett geben und eine dünne Palatschinke braten, einmal wenden. Goldbraune Palatschinke aus der Pfanne nehmen und auf einen vorgewärmten Teller legen. So fortfahren, bis der Teig verbraucht ist.
Pro Portion zwei bis drei Palatschinken mit der Füllung belegen und zusammenklappen, auf vorgewärmten Tellern anrichten.
(Rezept vom Autor)

Tipp: Bei Tisch mit etwas warmem Apfelschnaps übergießen und anzünden und Obers-Eis dazu reichen.

Apfelmusschnitte (Apfel-Tiramisu)

Apfelmus
- **ca. 2 kg säuerliche Äpfel**
- **125 ml Wasser**
- **6 Blatt Gelatine**

Biskuit
- **6 Eiklar**
- **125 ml kaltes Wasser**
- **1 Prise Salz**
- **250 g Kristallzucker**
- **6 Eidotter**
- **1/2 P. Backpulver**
- **280 g Universalmehl**

- **2 Schachteln Biskotten**
- **250 ml Wasser**
- **250 ml Rum**
- **500 ml Obers**
- **150 g Schokolade, gerieben**

Für das Mus die Äpfel schälen, entkernen, zerkleinern und in der angegebenen Wassermenge weich dünsten und pürieren. In kaltem Wasser eingeweichte Gelatine ausdrücken und ins heiße Apfelmus einrühren, anschließend auskühlen lassen.

Für das Biskuit Eiklar, Wasser und Salz schaumig rühren, nach und nach den Zucker einarbeiten und Eidotter einrühren, das mit Backpulver versiebte Mehl unterheben. Masse auf ein mit Backpapier ausgelegtes Backblech streichen und im vorgeheizten Backofen bei 200 °C Heißluft ca. 20 Minuten backen.

Vom fertigen, ausgekühlten Biskuitboden das Backpapier ablösen, Biskuitboden in ein tiefes Backblech oder in eine tiefe rechteckige Form legen. Die Hälfte vom Apfelmus gleichmäßig darauf verteilen. Die Hälfte der Biskotten kurz im mit Wasser vermischten Rum tränken, danach auf das Apfelmus schichten und mit der Hälfte des steif geschlagenen Obers die Biskotten abdecken. Das restliche Apfelmus darauf verteilen, dann wieder in Rumwasser getränkte Biskotten darauflegen und alles mit dem restlichen Obers abdecken.

Mit geriebener Schokolade bestreuen und mindestens 8 Stunden kalt stellen (noch besser: erst am nächsten Tag genießen).

(Rezept vom Autor)

Oststeirischer Apfelschmarren

- **4 Äpfel (vorzugsweise Gala)**
- **Zitronensaft nach Geschmack**
- **6–8 Eier**
- **2–4 EL Butter**
- **1–2 EL Feinkristallzucker**
- **250 ml Milch**
- **4–5 EL Staubzucker**
- **2 P. echter Vanillezucker**
- **1 Prise Zimtpulver**
- **1 Prise Nelkenpulver**
- **1 Prise Muskatnuss**
- **1 Prise Salz**
- **250 g Mehl**
- **2 EL Honig**

Die Äpfel schälen, entkernen, in kleine Stücke schneiden und mit Zitronensaft marinieren. Die Eier trennen und das Eiklar zu steifem Schnee schlagen.

In einer großen, ofenfesten Pfanne Butter zerlassen, den Kristallzucker samt Apfelwürfeln darin kurz rösten.

Die Eidotter mit Milch, Staubzucker und Vanillezucker verrühren, dann mit Zimtpulver, Nelkenpulver, geriebener Muskatnuss und Salz würzen. Das gesiebte Mehl unterheben und alles zu einem glatten Teig verrühren, den Eischnee in zwei bis drei Etappen vorsichtig unter den Teig rühren.

Den Teig über die in der Pfanne gedünsteten Äpfel gießen und gut mit diesen vermischen. Die Masse langsam in der Pfanne anbacken lassen. Wenn die Unterseite goldbraun ist, den Schmarren wenden und anschließend bei 200 °C im Backofen ca. 10 Minuten fertig backen.

Den noch warmen Schmarren mit zwei Gabeln in große Stücke zerreißen, etwas frische Butter und den Honig dazugeben und den Schmarren überglänzen, auf Tellern anrichten und mit Staubzucker bestreuen. (Rezept vom Autor)

Tipp: Eventuell Vanilleeis oder das Apfeleis (Rezept siehe S. 156) dazu reichen.

Apfel-Tommerl

Zutaten für ca. 8 Portionen

- **600 ml Wasser**
- **Salz**
- **2 EL Butter**
- **200 g feinen Maisgrieß**
- **5–6 Äpfel**
- **Zitronensaft**
- **Zucker nach Geschmack**
- **2 Eier**
- **1 Prise Muskatnuss, gerieben**
- **Butter für die Form**
- **Butterflocken zum Belegen**

Das Wasser salzen und zum Kochen bringen, Butter dazugeben und den Maisgrieß mit einem Schneebesen einarbeiten. Auf milder Hitze langsam etwa 30–40 Minuten kochen lassen; anschließend etwas ausdämpfen lassen.

In der Zwischenzeit die Äpfel schälen, entkernen und entweder in dünne Scheiben schneiden oder raspeln, mit Zitronensaft beträufeln und leicht zuckern.

Wenn die Polenta leicht ausgekühlt ist, die Eier einarbeiten, zuckern und eventuell mit Muskatnuss aromatisieren. Die noch warme Polenta in eine gut gebutterte Auflaufform füllen und glatt streichen. Die geschnittenen oder geraspelten Äpfel gleichmäßig darauf verteilen, zuckern und mit Butterflocken belegen. Im auf 180–200 °C vorgeheizten Backofen etwa 25–30 Minuten backen, bis die Äpfel eine schöne Farbe haben. Sofort servieren. (Rezept vom Autor)

Würzige Apfel-Tarte

Zutaten für 6–8 Portionen

Teig

- **200 g Mehl, 100 g kalte Butter**
- **50 g Staubzucker**
- **1 Prise Salz**
- **1 Ei**

Belag

- **1 kg säuerliche Äpfel, 1 Zitrone**
- **1/2 Hand voll Walnüsse**
- **1/2 Hand voll brauner Rohrzucker**
- **2–3 EL zimmerwarme Butter**
- **1 Chilischote, 2–3 EL Rohrzucker**
- **1 EL Ingwer**

Für den Teig das Mehl auf eine kühle Arbeitsplatte sieben und eine Mulde formen. Die Butter in kleinen Stückchen in die Mulde geben, den Staubzucker und das Salz darüberstreuen. Das Ei leicht verquirlen, dann ebenfalls in die Mulde geben und alles so rasch wie möglich mit kühlen Händen zu einem Teig kneten. Den Teig zu einer Kugel formen, in Frischhaltefolie wickeln und im Kühlschrank etwa 30–60 Minuten ruhen lassen.

Für den Belag die Äpfel schälen, entkernen und in schmale Spalten schneiden, mit Zitronensaft beträufeln. Walnüsse fein mahlen, mit Rohrzucker vermischen.

Den Teig auf einer leicht bemehlten Arbeitsfläche dünn ausrollen. Eine Tarteform (ca. 26 cm Durchmesser) damit auskleiden, den Teig mehrmals mit der Gabel einstechen und mit der Walnuss-Rohrzucker-Mischung bestreuen, mit den Apfelspalten dachziegelartig belegen.

Die Butter mit einem Backpinsel auf die Apfelspalten schmieren. Die Chilischote von Kernen und Adern befreien, feinst hacken, mit Rohrzucker und fein geschnittenem Ingwer vermischen und die gebutterten Apfelspalten damit bestreuen.

Die Tarte im vorgeheizten Backofen bei guter Hitze (ca. 225–250 °C) etwa 25–30 Minuten backen, bis die Ränder der Äpfel fast schwarz sind, Tarte aus dem Ofen nehmen und leicht auskühlen lassen. (Rezept vom Autor)

Apfeltaschen

Teig

- **250 g Mehl, 2 TL Backpulver**
- **1 Prise Salz, 2 EL Staubzucker**
- **4–6 EL gutes Pflanzenöl**
- **4 EL Milch**
- **125 g Topfen (10 % F. i. Tr.)**

Fülle

- **4 größere Äpfel, 4 EL Apfelmost**
- **Zimtpulver nach Geschmack**
- **Zucker (oder Honig) nach Geschmack**
- **etwas Zitronensaft**
- **2 EL Marillenmarmelade**
- **4–6 cl Apfelschnaps**

- **1 Eidotter und 1 Schuss Milch zum Bestreichen**
- **Staubzucker zum Bestreuen**

Alle Zutaten für den Teig auf eine Arbeitsplatte geben und mit beiden Händen zu einem glatten Teig kneten, in Klarsichtfolie wickeln und mindestens 1 Stunde gut gekühlt rasten lassen.

In der Zwischenzeit die Äpfel schälen, in kleine Würfel schneiden, in einem kleineren Kochtopf mit 4 EL Most aufkochen und langsam ca. 3 Minuten zugedeckt köcheln lassen. Von der Platte ziehen und nach Geschmack mit Zimt, Zucker (oder Honig) und etwas Zitronensaft abschmecken, danach abkühlen lassen. Vor dem Füllen der Teigtaschen noch die Marillenmarmelade und den Apfelschnaps unter die Apfelmischung rühren.

Den Teig dünn auswalken und in etwa 10 x 14 cm große Stücke schneiden. Mit der vorbereiteten Apfelmasse jedes Teigstück füllen und zu einer Tasche zusammenklappen. Mit Hilfe einer Gabel rundherum die Ränder zusammendrücken und die Taschen auf ein mit Backpapier ausgelegtes Backblech legen.

Eidotter mit etwas Milch verquirlen und damit die Apfeltaschen bestreichen. Im auf 200 ° C vorgeheizten Backofen gut 20 Minuten auf der Mittelschiene backen. Vor dem Servieren mit Staubzucker bestreuen. (Rezept vom Autor)

Tipp: Am besten schmeckt diese Süßspeise warm mit einem Glas Apfelsekt.

Apfelspangen

- **1 P. fertiger Plunderteig**
- **1 Ei**
- **Staubzucker und Zimtpulver (vermischt)**

Fülle

- **4 Äpfel (Golden Delicious)**
- **4–6 cl Apfelschnaps**
- **1 Prise Nelkenpulver**
- **1 Prise Zimtpulver**
- **1 Prise Pimentpulver**
- **1 Prise Macis, gemahlen**
- **1 Prise Zucker**
- **1 Prise Salz**

Für die Fülle die Äpfel entkernen, schälen, in Spalten schneiden und mit ganz wenig Wasser dämpfen. Nach dem Garen vorhandenes Wasser abgießen und die Spalten ein bisschen zerdrücken, mit Apfelschnaps und den Gewürzen abschmecken, danach auskühlen lassen. Plunderteig ausrollen und in etwa 12 x 12 cm große Stücke schneiden. Auf der einen Hälfte der Teigstücke im Abstand von 1 cm Zeilen in den Teig schneiden und die andere Hälfte mit der Apfelfülle belegen, die Ränder mit verquirltem Ei bestreichen, den eingeschnittenen Teig über die Fülle schlagen und Teigränder gut festdrücken. Im vorgeheizten Backofen bei 180 °C 20 Minuten backen, dann mit Zimtzucker bestreut servieren. (Rezept vom Autor)

Bratapfel

Zutaten für 6 Portionen
- **12 Äpfel (z. B. Jonagold)**
- **Butter für die Form**
- **24 ausgelöste Walnusskerne**
- **säuerliche Marillenmarmelade (oder Marzipan)**
- **250 g Butter**
- **Zimtpulver und Zucker nach Geschmack**

Von den Äpfeln die Kerngehäuse ausstechen, Äpfel an der Unterseite etwas abflachen und in eine große, gut gefettete Bratform einschichten. Je eine Walnusshälfte an Stelle des Kerngehäuses in jeden Apfel drücken, dann die Äpfel mit Marmelade (oder Marzipan) füllen und mit ein paar Butterflocken belegen.
Die restlichen Walnusskerne hacken und die Äpfel damit bestreuen. Mit der restlichen zerlassenen Butter übergießen und mit Zimtpulver und Zucker nach Geschmack bestreuen.
Im vorgeheizten Ofen bei 180–200 °C etwa 30 Minuten braten, bis die Äpfel duften und eine appetitliche Farbe haben.
(Rezept vom Autor)

Pucher Mostbrot

Ein ganz traditionelles Bauernessen, das vor allem im Sommer bei der Feldarbeit genossen wurde.

Zutaten für 2 Portionen
- **250 ml Apfelmost**
- **125 ml kaltes Leitungswasser**
- **2–3 EL Zucker**
- **1 Prise Zimt**
- **2 Scheiben Schwarzbrot, mundgerecht zerteilt**

Most und Wasser in Suppenteller oder in eine Schüssel füllen, Zucker dazugeben und mit dem Löffel rühren, bis sich der Zucker gelöst hat. Die dünn geschnittenen Brotscheiben im Backofen einige Minuten bähen, auskühlen lassen, dann erst zum Most geben und mit Zimt bestreuen. Kühl servieren. (Rezept vom Autor)

Bamschneida (Cocktail)

Zutaten für 2–4 Portionen
- **6 cl Apfelschnaps**
- **4 cl Holundersirup**
- **Saft einer Zitrone**
- **1 Eiklar**
- **4–6 Eiswürfel**
- **1 Prise Zimtpulver zum Bestreuen**

Die Zutaten in einen Shaker geben und 2 Minuten gut mixen. In weite Gläser füllen und mit einen Hauch Zimtpulver bestreut sofort servieren. (Rezept vom Autor)

Kaffee Abellio

Zutaten pro Portion
- **1 Tasse starker Bohnenkaffee, frisch aufgebrüht**
- **2–4 Stk. Würfelzucker (vorzugsweise aus Rohrzucker)**
- **ca. 4 cl Abellio-Apfelbrand (mind. 50 %)**
- **1 Prise Vanillezucker**
- **1 EL Obers**
- **1 Prise Zimtpulver**

Zunächst eine große Tasse nur zur Hälfte mit heißem Bohnenkaffee füllen, je nach Geschmack mit Würfelzucker süßen und mit angewärmtem Apfelbrand übergießen. Kurz flambieren und nach 20 Sekunden den brennenden Apfelbrand mit dem restlichen heißen Kaffee löschen (die Tasse soll 3/4 voll sein). Vanillezucker dazugeben, gut durchrühren und mit steif geschlagenem Obers garnieren, mit etwas Zimtpulver bestreuen. (Rezept vom Autor)

OE-RZG

BALLON
HOTEL

Ballonfahren

Die Region Apfelland-Stubenbergsee hat sich ganz dem Ballonfahren verschrieben und hält mit einem der letzten Abenteuer unserer Zeit eine ganz besondere Attraktion parat. So kann man sich als Gast hier den ewigen Menschheitstraum vom freien Dahinschweben tatsächlich erfüllen und im sanften „Luftriesen" die Welt von oben neu entdecken.

Der Ballon war übrigens das erste Luftfahrzeug, das „flog" (denn jetzt heißt es richtig Ballonfahren und nicht Ballonfliegen!): im Jahre 1783 bauten die Gebrüder Montgolfier den ersten funktionsfähigen Heißluftballon und starteten in Paris zur umjubelten Jungfernfahrt.

Seit der Erfindung des Ballons ist viel Zeit vergangen, die Technik hat sich weiterentwickelt, doch die Sehnsucht der Menschen ist die gleiche geblieben. Der Apfelwirt in Stubenberg/See ist das Zentrum der Ballonfahrer, und von hier aus kann man auch sein eigenes, persönliches Abenteuer starten – und das ganzjährig!

Kaum etwas ist mit dem einzigartigen Gefühl zu vergleichen, von einer mit heißer Luft gefüllten bunten Kugel über Wälder, Wiesen, Seen und Dörfer hinweggetragen zu werden und seinen Gedanken im wahrsten Sinn des Wortes „freien Lauf" zu lassen. Genauso freien Lauf, wie die Ballonfahrt an sich eine Reise ins Ungewisse ist, denn der Zielort ist unbekannt und liegt – von der Windrichtung bestimmt – irgendwo in der zauberhaften Welt der Oststeiermark …

Andreas und Peter jun. Flaggl, Ballonfahrer

Flaggl Ballooning GmbH
8223 Stubenberg am See 11
Tel.: ++43(0)3176/8801
info@apfelwirt.at

Die Eisoase

Die Eisoase befindet sich im kleinen, idyllischen Wallfahrtsort Maria Fieberbründl. Die Betreiber-Familie Wagner hat sich gänzlich der Erzeugung von selbst hergestelltem Speiseeis verschrieben. Alfred Wagner, ein gelernter Konditor, kombiniert alte Familienrezepte mit original italienischen Eisrezepten und ist stolz darauf, mit seinen Eiskreationen bereits viermal bester Österreicher beim internationalen Speiseeiswettbewerb „Coppa d'Oro" geworden zu sein.

Der Gipfel für viele Genießer ist der so genannte Apfelland-Becher, dessen Basis das hausgemachte Apfeleis ist.

Apfeleis

Zutaten für ca. 1 L Eis

- **300 g Äpfel, 100 g Zucker**
- **1 Vanilleschote**
- **2–3 EL Zitronensaft**
- **250 ml Milch, 100 ml Wasser**
- **30 ml Obers, 1 Eidotter**

Äpfel schälen und in kleine Stücke schneiden, mit 50 g Zucker, dem ausgekratzten Mark der Vanilleschote und Zitronensaft in einem Topf zugedeckt dünsten – eventuell 2 cl Apfellikör dazugeben. Die weich gedünsteten Apfelstücke pürieren und kalt stellen. Milch mit Wasser, Obers, Eidotter und dem restlichen Zucker unter Rühren aufkochen, Masse durch ein feines Sieb streichen und mit dem Apfelpüree mischen. Ca. 1,5 Stunden im Kühlschrank abkühlen lassen, danach in die Eismaschine geben (falls keine Eismaschine vorhanden ist, die Masse ins Gefrierfach geben und zwischendurch immer wieder durchrühren, um Luft einzuschlagen). Abschließend das Eis noch einmal kräftig durchrühren, damit es locker wird.

Alfred Wagner,
Konditormeister

Eisoase
Maria Fieberbründl 60
A-8222 Kaibing
Tel.: ++43(0)3334/2334
eisoase@eisoase.at

Glossar

- Asmonte: österreichischer Hartkäse
- Beiried: Roastbeef, Teilstück vom Rind (Hinterviertel, zwischen Hochrippe und Hüfte)
- Brein: Rollgerste
- Brösel: Krümel
- Eidotter: Eigelb
- Eierschwammerln: Pfifferlinge
- Eierspeise: Rührei
- Eiklar: Eiweiß
- Erdäpfel: Kartoffeln
- Faschiertes: Hackfleisch
- Fisolen: grüne Bohnen
- Germ: Hefe
- Geselchtes: geräuchertes Fleisch
- Glattes Mehl: fein gekörntes Mehl (niedrige Typenzahl, z. B. Type 405 in D bzw. Type W480 in Ö), das man meist für Gebäck und Mehlspeisen verwendet
- Grammeln: Grieben
- Griffiges Mehl: weniger fein gekörntes Mehl (höhere Typenzahl, z. B. Type 550 in D bzw. Type W700 in Ö), ist sehr gut quellfähig, lässt sich gut ausrollen und formen und wird idealerweise für Nudeln oder Spätzle verwendet
- Gröst'l: Pfannengericht (aus verschiedensten gerösteten Zutaten)
- Hendl: Hühnchen
- Kipferln: Hörnchen
- Knödel: Klöße
- Krapferl: Plätzchen
- Kohl: Wirsing
- Kraut: Kohl
- Lammstelze: Lammkeule
- Maizena: Maisstärkemehl
- Meisel: Teilstück vom Schwein (vorderer Teil der Schulter)
- Mollbratl: Rumpsteak, s. niedere Beiried
- Mus, Muas: Pfannengericht mit breiiger Konsistenz (aus verschiedensten Zutaten)
- niedere Beiried: Rumpsteak, hinteres Stück von der Beiried
- Obers: Sahne
- Orangeat: kandierte Schalen der Bitterorange
- Palatschinken: Pfannkuchen
- Paradeiser: Tomaten
- Polenta: Maisgrieß
- Porree: Lauch
- Rahm: Sahne
- Ribiseln: Johannisbeeren
- Rohnen (Rote Rüben): Rote Bete
- Rotkraut: Rotkohl
- Sauerrahm: saure Sahne
- Schlagobers: Schlagsahne
- Schlögel: Keule
- Schmarren: süße oder pikante Speise aus einem dickflüssigen Teig, in der Pfanne herausgebacken, dann in Stücke zerteilt
- Schotten: spezielle Eiweißbestandteile, die durch das Aufkochen von Buttermilch gewonnen werden
- Schweinsbackerln: Schweinebäckchen (Backenfleisch vom Schweinekopf)
- Schweinsschopf: Schweinehals, Schweinekamm
- Semmel: Brötchen
- Semmelbrösel: Paniermehl
- Semmelwürfel: Knödelbrot
- Stanitzel: Tüte aus Teig (auch Eistüte)
- Staubzucker: Puderzucker
- Stelze: Haxe
- Surfleisch: Pökelfleisch
- Topfen: Quark
- Weidling: große, weite Schüssel
- Weißkraut: Weißkohl
- Zelten (Lebzelten): Lebkuchen
- Zitronat: kandierte Schalen der Zitronatzitrone (besondere Zitronenart)

Rezeptregister

Von Gerd Wolfgang Sievers im Leopold Stocker Verlag erschienen

Gerd Wolfgang Sievers, AUSSEER-LAND-KOCHBUCH
ISBN 978-3-7020-1218-2
144 Seiten, zahlreiche Farbabbildungen, Hardcover. Preis: € 19,90

Eine der beliebtesten Urlaubsregionen Österreichs hat jetzt ihr Kochbuch: Schottsuppe und Mostpofesen, Roggenkrapfen und Specknocken, Rezepte rund um den berühmten Seesaibling, um Wild und Lamm … Neben traditionellen Gerichten werden die besten Speisen bekannter Gasthöfe nachgekocht. Exkurse widmen sich dem Salz, dem Lebenselixier des Salzkammergutes, dem Ausseer Lebkuchen und dem Brauchtum der Region.

Gerd Wolfgang Sievers, GENUSSLAND ÖSTERREICH
ISBN 978-3-7020-1166-6
544 Seiten, über 1.500 Farbfotos, Großformat, Ln. mit Schutzumschlag, Preis: € 39,90

Über 1.250 Rezepte aus allen regionalen Küchen Österreichs, mehr als 500 Produzenten, Weinbauern, Restaurants werden vorgestellt: 544 opulent gestaltete Seiten mit mehr als 1.500 Farbfotos von renommierten österreichischen Food-Fotografen vermitteln alles Wissenswerte über die österreichische Genusskultur.

Bestes Cover und bester kulinarischer Reiseführer 2009

Weltbestes Kochbuch 2007

Gerd Wolfgang Sievers, OSTTIROL-KOCHBUCH
ISBN 978-3-7020-1253-3

160 Seiten, zahlreiche Farbabbildungen, Hardcover. Preis: € 19,90

Kochbuch und kulinarischer Reiseführer in einem: auch die Kultur und die landschaftliche Schönheit Osttirols werden in herrlichen Bildern präsentiert. Der Schwerpunkt liegt allerdings auf den Rezepten, von einfachen Gerichten bäuerlicher Herkunft (wie Melchermuas, Milchnudle, Specknocken und Kaskrapfen) über Berglamm und Graukas, bis hin zu den interessantesten Gerichten der besten Osttiroler Gasthöfe und Restaurants.

Der Autor:
Gerd-Wolfgang Sievers ist Profi-Koch und Verfasser des zum besten Themenkochbuch in deutscher Sprache gewählten „Schneckenkochbuches“. Für „Genussland Österreich“ hat er mehr als 12.000 Stunden Recherche-Arbeit betrieben.